2

허영만

위·즈·덤·하·우·스

차례

대한민국 알부자 100인의 돈 버는 노하우

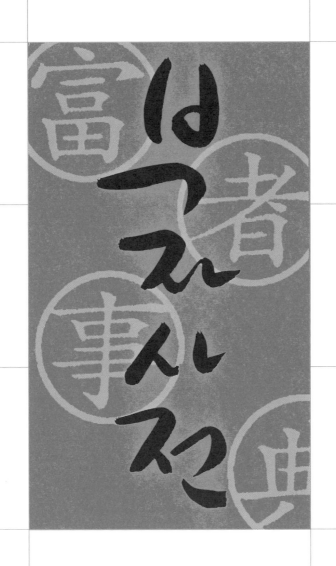

돈보다 돈 버는 비결이 진짜 재산이다

부자사전

21

변호사 · 의사라고
다 부자는 아니다

"젊을 때는 서로 비슷하다. 나이가 들면서 차이가 나기 시작한다.
모으는 사람과 쓰기만 하는 사람 사이에는."

― 박일문(목재업 외, 은퇴) ―

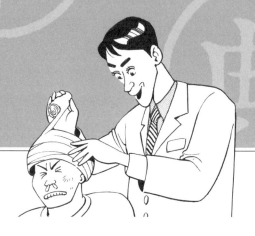

젊을 때는 서로 비슷하다.
나이가 들면서 차이가 나기 시작한다.
모으는 사람과 쓰기만 하는 사람의 차이다.

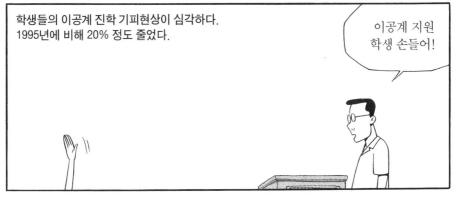

학생들의 이공계 진학 기피현상이 심각하다.
1995년에 비해 20% 정도 줄었다.

이공계 지원
학생 손들어!

상대적으로 인문계, 예능계는
대폭 늘었다.

인문계 지원
학생 손들어!

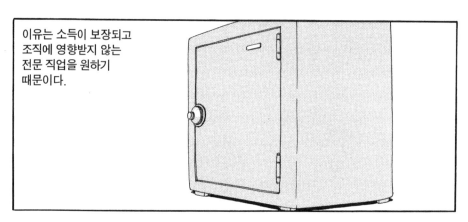

이유는 소득이 보장되고 조직에 영향받지 않는 전문 직업을 원하기 때문이다.

저는 공학 박사가 되겠습니다.

네 아버지 봐라. 자타가 공인하는 이공계 물건이었는데 40대 후반에 잘렸잖아. 엔지니어는 안 돼!

옆집 허 선생 봐라.

의사나 변호사, 가수, 만화가 같은 전문직업인이 돼라. 수입도 보장되고 나이 들어도 걱정 없고….

과연
전문직은
엔지니어보다
여러 가지로
나은 직업인가?

결론부터 내리자.

NO

요즘 시중에 넘쳐나는 것이
전문직업인이다.

높은 소득은 고사하고
앉을 자리조차 잡지 못해
끙끙대는 사람들이 많다.

이웃에 사는 분의 딸이
전문직 남자와 결혼했다.

부모는 흡족했고
주위 사람들도 부러워했다.

3년 후.

옆집에 사위랑
손주들이 꽤 오래
머물고 있네?

개업하는 데
돈 보태달라고
처갓집에 와서
시위중이래요.

지방에서 근무하고 있었는데
서울에서 개업하고 싶다는
것이었다.

전문직이 반드시 부자로
가는 길은 아니다.

전문직들은 자기 분야에서
살아남으려고 뼈를 깎는다.

하루 연습
만 개씩!

영화감독	의사	회계사	만화가	원예사

구멍가게도 주위의
상권을 확보해야
살아남는다.

전문직 역시
마찬가지다.

변호사 최 씨.

부자냐고요?
사람들이 모르고
하는 얘기입니다.

일부 변호사 부자도
있겠지만 전부는
아닙니다.

우선 변호사가
너무 많아서 경쟁이
치열합니다.

간신히 변호사 사무실
차려 봐야 임대료,
직원 월급 주고 접대비
쓰면 남는 것이 없어요.

큰돈이 걸린 소송의 경우
성공 사례금이 크기 때문에
부자가 되는 데 많은 도움이 되지만
이런 일이 자주 있는 것은 아니다.

소송에 이길 때도
있지만 질 때는
성공 사례금이
나올 리 없다.

결론은

변호사 업무만 해서는
부자가 될 수 없으므로
변호사 역시 돈을 모아서
잘 굴려야만 부자가
될 수 있다.

소설가 역시
마찬가지다.

나오는 작품마다 수십만 부씩 팔려서
인세로만 넉넉하게 사는 부자 소설가는
손가락 다섯 개로 꼽을 만하다.

한 작품이 성공해서 몇억 벌었다 치자.
그 몇억으로 다음 작품 나올 때까지 생활하고
취재비 쓰면 통장에 남는 것이 없다.

다음 작품이 성공한다는
보장도 없다.

한 번 성공한 작품의 인세로 차기 성공 작품이
나올 때까지 계속 쪼개 써야 한다.

한 번
더 쪼개.

그나마 한 번쯤 성공한 소설가의 얘기이고
평생 '소설가'라는 딱지를 달고 한 번도
성공해 보지 못한 사람은 셀 수 없이 많다.

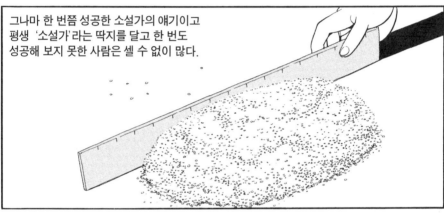

바둑 기사도 마찬가지다.
상위 몇 사람만 여유가 있다.

프로 골퍼도
예외는 아니다.

수십억씩 상금이 걸린 골프 대회의
TV 중계를 보면 모두 화려해 보이지만
상위 그룹의 얘기일 뿐
시드 배정을 받지 못한 골퍼는
자동차에서 숙식을 한다.
미국 동부에서 서부로,
서부에서 동부로 이동
하면서 햄버거로
연명하기도
한다.

최 씨도 변호사 일로 돈을 모아
부동산, 채권, 주식 등에 투자해
놓고 있다.

주변의 변호사
부자들 역시
마찬가지입니다.

정형외과 의사
오 씨.

의사들이 대체로
돈을 많이 버는 것은
사실입니다.

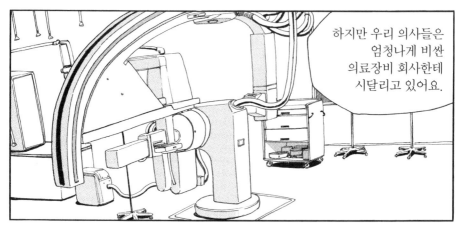

하지만 우리 의사들은
엄청나게 비싼
의료장비 회사한테
시달리고 있어요.

그걸 설치해 주고
대금을 매달 나눠서
받아가고

다 갚을 때쯤이면
신모델로 바꾸어 주고
그 상황을 연장
시킵니다.

장비가 형편없으면 환자들이 안 오잖아요.

할 수 없이 새 기계를 들여올 수밖에요.

그래서 이 건물을 사는 데 6년이나 걸렸어요.

오정형외과

오정형외과

6년 만에 4층 건물이라니…. 보통사람들에게는 꿈 같은 얘기다.

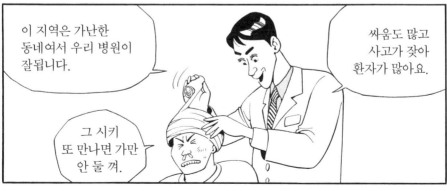

이 지역은 가난한 동네여서 우리 병원이 잘됩니다.

싸움도 많고 사고가 잦아 환자가 많아요.

그 시키 또 만나면 가만 안 둘 껴.

참! 재미있는 모임이 있어요.

이 지역 의사들끼리 친목 모임이 있는데 화제는 주로 '재테크'입니다.

어떤 의사가 아파트에서 재미를 봤다면 부동산에 대한 정보를 나누고

주식으로 목돈을 만진 의사가 있으면 온통 주식 애기들을 합니다.

의사들 역시 노후는 불안하다.

손이 떨리기 시작했고 벌어놓은 돈은 없고….

수술실

의사도 일반인들과 똑같다.

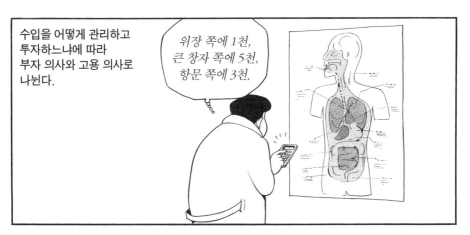

수입을 어떻게 관리하고 투자하느냐에 따라 부자 의사와 고용 의사로 나뉜다.

위장 쪽에 1천, 큰 창자 쪽에 5천, 항문 쪽에 3천.

지방에서 외과를 운영하던 김 씨.

병원에 문제가 생겨 운영이 어려워지자 정리하고 서울 불광동에서 재개업했다.

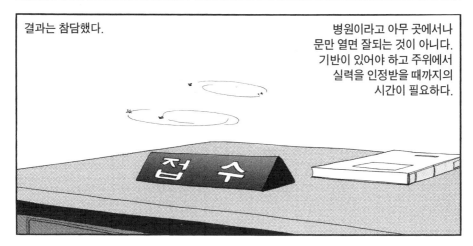

결과는 참담했다.

병원이라고 아무 곳에서나 문만 열면 잘되는 것이 아니다. 기반이 있어야 하고 주위에서 실력을 인정받을 때까지의 시간이 필요하다.

3년간 고생만 하다가 다시
지방으로 내려간 뒤 소식이 없다.

내과 의사도
마찬가지다.

진료 신청서 작성하는 곳

주위에 경쟁 병원이 많이
생겨 한정된 환자를 나누니
병원 운영이 어려웠다.

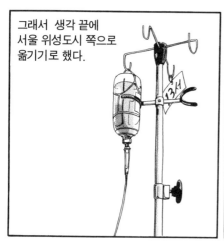

그래서 생각 끝에
서울 위성도시 쪽으로
옮기기로 했다.

집이 강남이라서 출퇴근 시간이 많이
걸리겠지만 병원 운영이 우선이다.

서울 18km

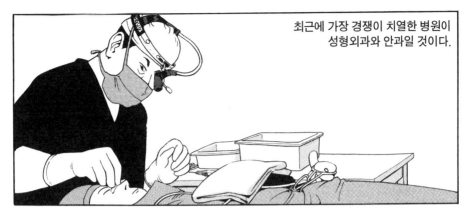

최근에 가장 경쟁이 치열한 병원이 성형외과와 안과일 것이다.

애야. 네 결혼 상대는 얼굴에 칼 대지 않은 색시였으면 좋겠다.

꿈 깨세요, 아버지. 요즘 그런 여자가 어디 있어요?

이럴 정도로 성형수술한 여자들이 많다.

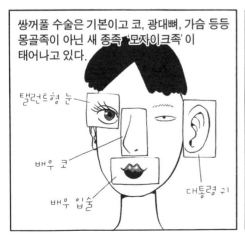

쌍꺼풀 수술은 기본이고 코, 광대뼈, 가슴 등등 몽골족이 아닌 새 종족 '모자이크족'이 태어나고 있다.

탤런트형 눈

배우 코

배우 입술

대통령 귀

다행히 태어나는 아기는 몽골족 형태를 유지하고 있다.

성형외과는 불황이
없을 줄 알았지만

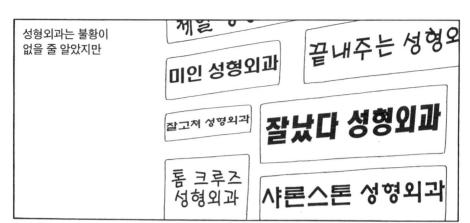

제일 ○○

미인 성형외과

끝내주는 성형외

잘고쳐 성형외과

잘났다 성형외과

톰 크루즈
성형외과

샤론스톤 성형외과

쌍꺼풀 수술 한 번 한 사람이
두 번 세 번 하지 않는다.

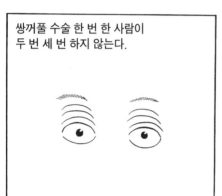

인구는 제한되어 있다.

실력 차이를 일반인도 눈치챈다.

어머, 그 눈이 뭐니?
자다가 일어난
사람 같아 얘.

씨이. 그 집
가나 봐라.

성형외과 얘기 나오면 가볍게 이런 식의
대화가 오갈 정도로 고른다.

그 집
잘해?

무난
하더라.

강남에 우후죽순처럼 생긴 성형외과들의 성적표가 학창시절을 연상시킨다.

한 학급 50명 중 '수'는 몇 명 없고, 전부 우, 미, 양, 가로 나뉜다.

성적이 안 좋으면 당연히 어려움을 겪는다.

너 밥 더 먹어.

어려움은 또 어려움을 가져온다. 자기 살을 깎는 것이다.

쌍꺼풀 수술 3만 원

나는 공짜!

경쟁에 지쳐서 지방으로 이전한 성형외과도 있지만 찬밥이다.

끝내주는성형외과

교통비 들여서라도 서울로 고치러 가야지.

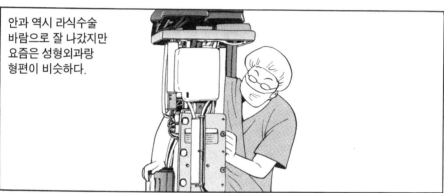

안과 역시 라식수술 바람으로 잘 나갔지만 요즘은 성형외과랑 형편이 비슷하다.

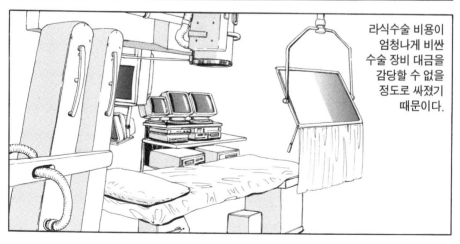

라식수술 비용이 엄청나게 비싼 수술 장비 대금을 감당할 수 없을 정도로 싸졌기 때문이다.

22

기회는
눈뜬 자에게만 온다

"사방에 기회가 널려 있다.
그것을 볼 줄 아는 안목이 중요하다."

― 함윤열(운송업) ―

시중에 깔려 있는 돈은 능력이 있어야 자기 것으로 만들 수 있다.
패가 나쁘면 좋게 만들어야 하고, 좋은 패를 들면 상대가 끌려
들어오도록 만드는 포커판과 다를 게 없다.

부동산 개발사업에
밝은 이 씨.

대기업 계열 건설회사에서 땅을 구입하러 다니는 것이
IMF 전 이 씨가 하던 일이었다.

IMF 때 실직하고 '땅 봐주기' 아르바이트를 하다가
단 세 건의 사업으로 부자 대열에 끼었다.

대규모 단지가 들어설 예정인
곳을 훑다 보면 다른 곳에 비해
싼 땅이 반드시 있습니다.

먼저 상권과
용도를 분석한다.

학원 용도냐?

병원
용도냐?

아니면
유흥업소냐?

분석이 끝나면
땅을 매입한다.

평당 1천만 원짜리
땅이 100평이면 10억.

내가 가진 돈은 4억…
봉주한테 1억 꾸고…
상혁이한테 1억 꾸고…
4억은 은행 융자.

8층짜리 건물을 짓는다.

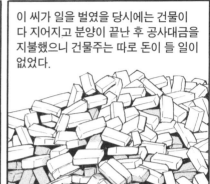

이 씨가 일을 벌였을 당시에는 건물이 다 지어지고 분양이 끝난 후 공사대금을 지불했으니 건물주는 따로 돈이 들 일이 없었다.

그 방법이 아니더라도 처음엔 외상으로 공사를 하다가 어느 정도 모양이 갖춰지면 은행 융자를 다시 받을 수 있다.

평당 1천만 원짜리 100평의 땅이 건폐율 80%면 640평 건물로 바뀐다. 평당 약 156만 원이 됐다. 평당 건축비 400만 원이면 평당 원가는 556만 원.

결국 자기 돈 4억으로 건물이 완성되었다.

이걸 평당 1천만 원에 분양하는 것이다. 평당 차익금이 446만 원.

640평 건물의 총 차익금이 28억 5천여만 원이다.

여기에 각종 세금, 은행이자, 건축 설계비, 분양회사 수수료 등이 포함되어 있지만 자기 자본 4억으로 엄청난 효과를 본 것이다.

그러나!

이런 예는 땅을 정확히 짚는 눈,
주위에서 돈을 끌어당길 수
있는 능력, 순조로운 건축공사,
빠른 분양 등이 제대로 이루어졌을
때 가능하다.

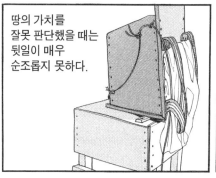

땅의 가치를
잘못 판단했을 때는
뒷일이 매우
순조롭지 못하다.

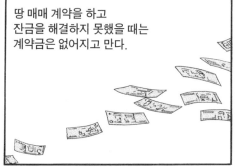

땅 매매 계약을 하고
잔금을 해결하지 못했을 때는
계약금은 없어지고 만다.

건설회사를
잘 만나야 건물을
잘 지을 수 있고
공사기간이
짧아진다.

분양이 재빨리
끝나지 않으면
이자에 골병든다.

길 옆에 뼈대만 올린 채 방치되어 있는 건물들을 많이 볼 수 있다.

일이 어긋나 공사가 중단된 곳이다.

건물주는 화병으로 드러누웠을 것이고, 공사비를 못 받은 건설회사는 발을 동동 구르고 있을 것이다.

계산상으로는 쉬운 재테크 방법이지만 여러 가지 능력 중 하나만 빠져도 파멸로 연결되는 큰 모험이다.

15년 전에 재벌 그룹 회장을 만난 적이 있다.

세계 구석구석을 다니다 보면 돈이 보입니다.

돈 버는 일이 뭐 어렵습니까?

기회는 눈뜬 자에게만 온다.

임대업을 하는 방 씨.

처음엔 대학교 근처에서 옷가게를 했습니다.

가진 돈이 얼마 되지 않아
싼 가게를 찾아다녔는데
싼 가게는 영 맘에
들지 않았다.

그러다 눈에
띄는 가게가
있었다.

가게 안을 둘러보니
아닌 게 아니라 장사가 안 될 만했다.

생기발랄한 대학가에서 점잖은 새미 캐주얼
의류를 취급했으니 외면당한 것이다.

가게를
인수하고
아이템을
바꿨다.

동대문시장에서 소위
'불량 청소년 패션'을
갖다 팔았다.

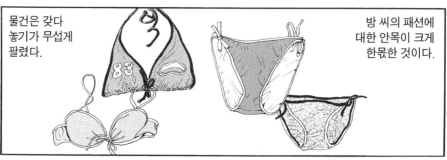

물건은 갖다
놓기가 무섭게
팔렸다.

방 씨의 패션에
대한 안목이 크게
한몫한 것이다.

방 씨는 그곳에서 옷장사, 액세서리 장사를
10년 했고, 지금은 동대문 쇼핑센터에
임대 점포 6개와 직영 점포 3개를 가지고 있다.

또다른투타투타몰

패션페스티발!!

썸머바캉스!!

전상품 30% 세일

여름 휴가 빅 찬스
전상품 30% 세일

주력을 임대업으로
바꾼 이유는 10년 넘게
동대문을 드나들다 보니
그곳의 변화가 눈에
들어오더라고요.

중소기업
사장 홍 씨.

홍 씨는 사업에만 몰두하면서 은행의 적금을
적극적으로 이용해 재테크를 한 경우다.

회사 설립에 필요한 자본금 1억 원을 만들기 위해 가족 명의로
분산시켜서 비과세와 세금 우대 정기적금을 들었다.

5년 만에 1억을 만들었다.

나중을 위해
공장용지
구입비용으로
1억의 절반인
5천만 원을 쓰고
5천만 원으로
회사를 세웠다.

회사 운영에 필요한 자금 3천5백만 원을
은행에서 대출받았다.

약간의 빚이 있어야 그걸 갚겠다고 허리띠를 조이고
긴장하면서 살기 때문에 쓰고 남는 걸 저축할 때보다
돈 쌓이는 속도가 훨씬 빠르다.

쉬어가면서
해.

난 빚지고는
못 살아.

38

빚이 있는데 갚지 않고
자기 앞가림하는 데만
바쁜 사람은 애시당초
부자의 대열에 끼일 수
없는 사람이니까 말할
필요가 없다.

홍 씨는 대출금을 금방 갚았고,
3년 계획으로 은행 적금을
이용해서 5억을 만들었다.

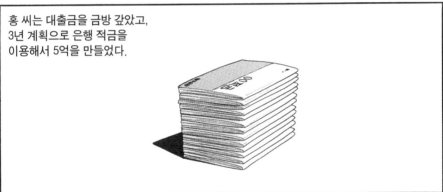

미리 사뒀던 공장용지도 값이 많이 뛰어서 팔아치우고
그 돈에다 3억을 보태서 더 큰 공장용지를 확보했다.

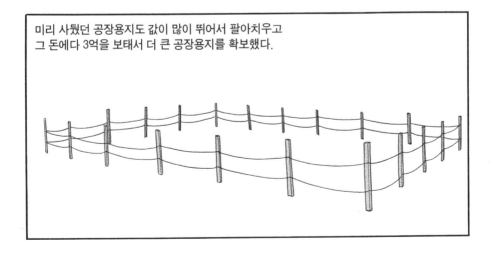

남은 2억은
마이 홈을
장만하는 데
썼다.

홍 씨는 부동산, 주식 등에
시간을 뺏기지 않았다.

회사 일에만
매달렸기 때문에
사업이 잘돼서
회사도 연 매출이
150억을 넘는
규모로 컸다.

株式
會社 進進建設
JIN JIN CONST. CO., LTD.

1624

그동안 은행에서 빌린 돈을 잘 갚았고
회사의 신용도도 높아서 아무 때나
은행에서 대출을 받을 수 있는 신용을 쌓았다.

지금 홍 씨의 재산은
40억 정도.

홍 씨는 안전하고 확실한 재산 증식을 위해
지금은 은행 프라이빗뱅커(PB)의 도움을
받고 있다.

PB

PB는 홍 씨의 여유자금을 부동산, 정기예금,
비과세보험, 주식 등에 나눠서 굴려 준다.

홍 씨는 안심하고 사업에만 열중하고 있다.
앞뒤로 돈이 쌓이고 있다.

은행원 출신
나 씨.

학창시절 나 씨의 별명은
꽁생원이었다.

지독한 놈,
10원 꾸어준 것
받으려고 이틀째
따라다니고 있다.

'수전노'라는 별명도 있었다.

꽁생원이 은행에
취직했대.

자기 적성에 딱
맞게 들어갔구나.

꽁생원
담당 업무가
뭔지 알아?

뭔데?

연체 독촉!

으아!
딱이다!
딱!

입사동기 모임에 나갔다가
본점의 기업고객 담당자로부터
중요한 정보를 들었다.

××건설사가
○○동에 아파트를
지으려고 은행 대출을
준비하고 있어.

사귀던 여자와 결혼을 서둘렀다.
은행에 주택자금 대출을
신청하기 위해서다.

IMF 이전에 은행들은
직원에게 주택자금을
저리로 대출해 주는
제도가 있었다.

혼인신고하러
빨리 가야 하니까
주례사 짧게
해주세요.

나 씨는 자신이 모은 돈에 대출금을 합해 공사 예정지에서
가장 가까운 단층 주택을 구입했다.

부모님도 설득해서 붙어 있는 옆집을 사서 이사시켰다.

그 후 5년.

아파트 단지가 완성됐다. 나 씨와 부모님의 집을 헐고 대형 갈비집으로 바꿨다. 장사는 아주 잘 되고 있고 현재 그 땅값만도 30억이다.

영신갈비가든

부자들은 자기 주변에서 기회를 찾는다.

나 씨도 ××건설사가 아파트 사업을 벌일 예정이던 공터를 평소 지나다니면서 잘 알고 있었다.

부자의 돈벌이 중 가장 많은 부분은 어떤 것일까?

임대 수익이다.

부자사전

23

부동산만큼 효과적인
투자 대상은 없다

"눈 뭉치는 것을 보자. 처음에는 힘들게 다져야 하지만,
일정한 크기로 뭉쳐놓고 나면 서서히 굴려도 금방 불어난다."

— 최진형(임대업) —

부자가 아닌 사람
열 명에게 물었다.
10억이 있다면
어떻게 하겠는가?

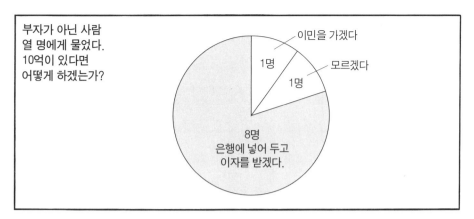

이민을 가겠다

1명

모르겠다

1명

8명
은행에 넣어 두고
이자를 받겠다.

이자를 받겠다는 것은 금리가 높았던 옛날 이야기다.
10억을 은행에 넣어 두면 연간 이자는 4%,
세금 떼고 매달 2,783,000원의
이자 수익이 있다.

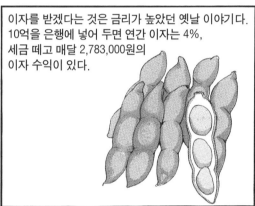

물가상승률에도 못 미쳐 본전을
야금야금 까먹고 있는 꼴이다.

매달 생활비로 100만 원을 쓴다면
38년 후에는 남지 않는 돈이다.

생활비를 매년 상향조정한다면
10억이 없어지는 시간은
훨씬 더 단축된다.

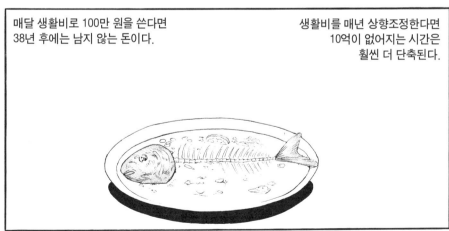

부자들은 10억이 있으면
다가구주택이나 아파트,
상가 등을 매입해서
매달 임대 수입도 올리고
부동산 가격 상승도
노리는 방법을 쓸 것이다.

에이, 10억
투자해서
돈 몇 푼 번다고

이러면 안 된다.
100억 부자도
1억, 10억부터 시작했다고
생각해야 한다.

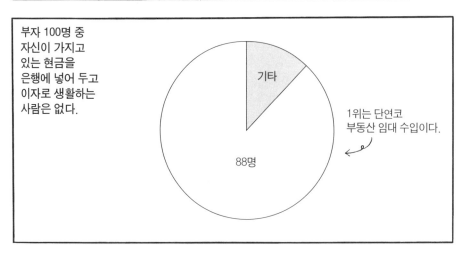

부자 100명 중
자신이 가지고
있는 현금을
은행에 넣어 두고
이자로 생활하는
사람은 없다.

기타

88명

1위는 단연코
부동산 임대 수입이다.

100명 중 88명은
주식 투자로 벌어들인
금액이 부동산 임대료보다
많을 때가 있지만

'간혹'이다.

돈가스 집을 운영하는
김 씨.

인구는 많지요.
땅은 좁지요.
부동산 투자만큼 안전하고
확실한 건 없어요.

그는 세 개의 상가와
다섯 채의 다가구주택을
가지고 있다.

지난 24년간 음식점으로 번 돈을 모아 부동산을 산 것이다.

다섯 채의 다가구주택에는 총 32세대가 살고 있는데 전세는 없고 전부 월세다.

전세로 목돈을 받아봤자 투자할 만한 곳도 없지요. 은행에 넣어놔 봐도 금리가 낮지요.

IMF 때 부동산 가격이 전세 가격보다 내려가서 세입자에게 부동산을 뺏기는 경우도 있었으니까 월세로 하지요.

주식 투자는 안 하세요?

안 해요. 전문상식도 없는 데다 시간 많이 뺏기고 불확실해요.

김 씨는 돈이 모이면 또 임대용 부동산을 사들일 것이다.

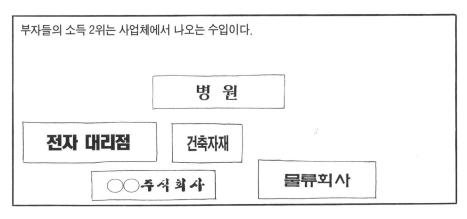

부자들의 소득 2위는 사업체에서 나오는 수입이다.

병 원

전자 대리점

건축자재

○○주식회사

물류회사

소득 3위는 주식이나
채권, 펀드 투자.

증권회사의 종합자산 관리서비스를
15명이나 받고 있었다.

부자 100명 중
증권, 채권 투자
수익이 1위라고
대답한 사람은
7명.

2위라고
대답한 사람은
13명이었다.

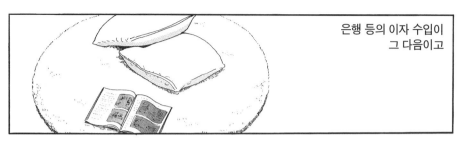

은행 등의 이자 수입이
그 다음이고

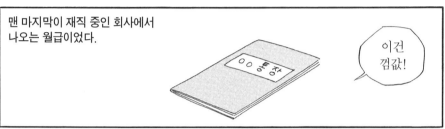

맨 마지막이 재직 중인 회사에서
나오는 월급이었다.

이건
껌값!

김 씨는
말한다.

자금의
여유가 있으면
작은 부동산을 사서
안정적인 수입을
올릴 만한 곳에
투자하세요.

그렇게 해서
한 단계, 한 단계
높이는 것이
정석입니다.

1억이면 임대보증금을
보태서 대형 쇼핑센터의
작은 상가를 살 수 있는데
거기서 나오는 월 임대료가
은행이자에 비하겠어요?

필자가 판단하기에도 큰 부자 될 생각이 아니라면, 작은 돈으로 단번에 부자 될 생각이 아니라면 김태식 씨의 '스텝 바이 스텝' 이론이 가장 안정적인 재테크 방법이다.

화장실에서 소변 봤다고 과자 재촉하는 처칠

안부자들은 흔히 이렇게 얘기한다.

목돈 5천 생겼는데 없는 셈 치고 노후에 살 전원 주택지나 사놓자!

샐러리맨에게 5천만 원은 없는 셈 칠 만한 액수가 아니다. 사는 집 빼고 전 재산인데 그걸 썩히다니.

전원주택지는
나중에 얼마든지
살 수 있다.

미래가 불투명한 현재,
한가하게 전원주택
타령하고 있을
때가 아니다.

전원주택에
폼나게 앉아 있으면
누가 밥 주고
술 주는가?

사전 지식도 없이 경치 좋다고 덜컥 사놓은 땅이
집을 지을 수 없다거나 길이 없어 날아다녀야 할
형편의 땅일 수 있다.

나중에 본전만 받겠다고 내놓아도
임자가 없다.

반값만… 임자가 없다.
종국에는 애물덩어리로 남는다.

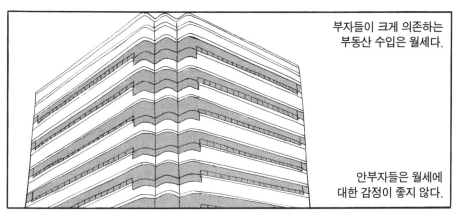

부자들이 크게 의존하는
부동산 수입은 월세다.

안부자들은 월세에
대한 감정이 좋지 않다.

어려웠을 때 눈곱만한 방을
여러 개 들여 놓고 매달 방세를
거둬 가는 주인에게 시달린
경험이 있다.

방값, 전기세,
수도세, 화장실 수도세,
네 식구니까 곱하기,
나누기 하면…

벗어나자.
월세! 달세!
사글세!

화장실은 하나

부자들이 받는
월세는 종류가 많다.

단독주택을 허물고
다가구주택으로 바꿔서
무주택자에게 월세를
받는 것부터

쇼핑몰 지하에 보증금 1억,
월세 500만 원 받는 시가 5억짜리
상가를 여러 개 갖고 있는가 하면

큰 상업용 빌딩에서
사업자를 대상으로
월세를 받는
큰 부자도 있다.

나는 종자돈이 생기면 부동산을 사지 않고 당당하게 사업을 해서 부자가 되겠다!

좋은 생각이다.

대한민국 국민 모두가 여유자금을 부동산에 투자해버린다면 돈이 묶여 경제는 돌아가지 않을 것이다.

돈 안 묻었음!

사업을 하려면 사무실이 있어야 한다.

사업 초기뿐 아니라 어느 정도 자리잡힌 뒤에도 사무실 임대료는 여전히 부담으로 남는다.

사무실 임대사업자는 떳떳치 못하고, 사업을 하는 나는 떳떳하다고 말하면 안 된다.

임대사업자도 수익을 올리기 위해 많은 돈을 투자한 것이다.

임대사업자가 하는 일 없이 놀면서 월세나 받아가는 것이 보기 싫다면 자신의 사무실이 있어야 한다.

그러려면 창업 비용이 많이 든다. 그것 때문에 창업 자체가 어려워진다.

좋은 아이템이 있는데 창업 비용 때문에 사업을 포기한다면 실망스러울 것이다.

18!

그래서 있는 시설을 이용하고 상응하는 대가를 지불하는 것이다.

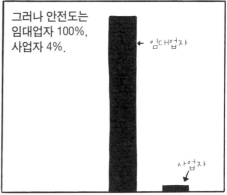

그러나 안전도는 임대업자 100%, 사업자 4%.

← 임대업자

사업자

신설 기업이 5년 이상 살아남을 확률이 4%라는 얘기다.

이익이 눈에 확실히 보이는 사업도 하다 보면 어려움을 겪는데 사업보다는 조그만 셋방 주인부터 시작하는 것이 안전하다.

세입자들과 실랑이하는 것이 힘들지만 그 사람들이 내 수입원이라고 생각하면 참아야죠.

10억이 있으면
은행이자로 살겠다는
얘기를 하는 사람이
많은데

10억짜리 건물 월세가
은행이자보다 훨씬
많다는 걸 알면 입장을
바꿀 게 뻔해요.

게다가
10억이 있으면
임대보증금을 보태고
은행융자를 보태면
15억짜리 부동산을
살 수 있다.

은행에 넣어 두면
10년이 지나도
여전히 10억뿐이지만
부동산이라면 얼마로
변해 있을까?

눈 뭉치는 것을 보자.
처음엔 작게 시작하지만
어느 정도 크기가 되면
한 번 굴려도 눈에
띌 만큼 덩어리가
커진다.

24

사업 성공의
가장 큰 비결은 자금 관리다

고스톱에서 중요한 것은 점수를 내느냐 못 내느냐다.
그 다음이 관리다. 크게 따지 못한 것처럼 보이는 사람이
나중에 뭉칫돈을 세는 경우를 종종 본다."

— 우상기(기업체 고문) —

1 경쟁력 있는 기술 및 아이템 개발.
2 고객에 대한 적극적인 영업.
3 회사 구성원의 열의.
4 효율적인 자금 관리.
5 지속적인 투자.

조급하게 회사를 키우려다가는 얻는 것보다 잃는 것이 많아요.

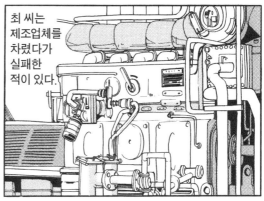

최 씨는 제조업체를 차렸다가 실패한 적이 있다.

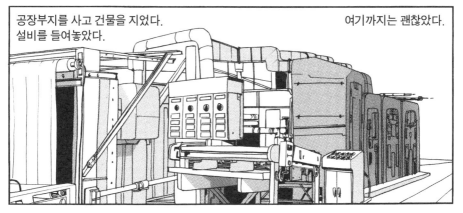

공장부지를 사고 건물을 지었다. 설비를 들여놓았다.

여기까지는 괜찮았다.

'사람 욕심'을 부린 것이 화근이었다.

실력 있는 엔지니어들을 스카우트했는데 미리 뽑아 놓은 사원들까지 불만이 생겼다.

월급 20% 인상!

우린 뭐냐!

월급 인상으로
다독거리는 수밖에.

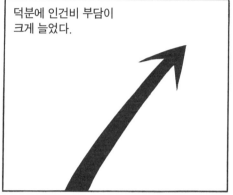

덕분에 인건비 부담이
크게 늘었다.

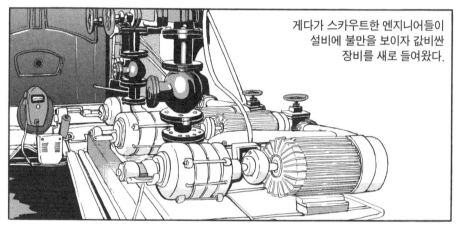

게다가 스카우트한 엔지니어들이
설비에 불만을 보이자 값비싼
장비를 새로 들여왔다.

결국 제품 실험 생산을 끝내기도
전에 자금난이 왔다.

억!

궤도에 오르지 않은 작은 업체에서
제일 무서운 것은 인건비라는 걸
나중에 알았습니다.

64

월급쟁이 시절 봉급은 쥐꼬리였는데

그 쥐꼬리를 합쳐 보니까 공룡꼬리더라고요.

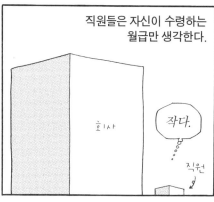

직원들은 자신이 수령하는 월급만 생각한다.

회사

작다.

직원

회사는 사원복지, 의료보험, 차량유지, 사무실 등에 드는 비용을 합치면 직원 월급의 1.5배가량이 더 들어간다.

오너는 월급날이 다가오면 도망가고 싶다.

없는 집 제삿날 돌아오듯 한 달이 왜 그리 빨리 지나가는지….

사장실

결국 돈 구하러 다니다가 포기했어요.

20년 뼈빠지게 모은 돈 다섯 달 만에 모두 날렸습니다.

최 씨가 다시 사업을 시작했을 때는 달라져 있었다.

중고 가구 총판

집기는 중고 가구 시장에서 산다!

새것 같은 중고가 널려 있다!

월급을 많이 줘야 하는 고급 인력보다 월급을 적게 줘도 불만이 없는 직원을 뽑았다.

은행 계좌에서 뭉칫돈이 나갈 때마다 가슴을 졸이며 경비를 줄이고 줄였다.

우리에겐 내일이 있다!

그러다 보니 회사는 흑자를 내기 시작했고 통장에 돈이 쌓여서 은행지점장이 감사패를 주기도 했다.

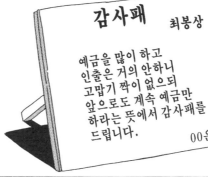

감사패

최봉상

예금을 많이 하고 인출은 거의 안하니 고맙기 짝이 없으되 앞으로도 계속 예금만 하라는 뜻에서 감사패를 드립니다.

00은행

돈이 있어야 신제품 개발에 투자할 여력도 생기니까 회사 경쟁력도 살아납니다.

성공의 열쇠는 자금 관리였습니다.

가끔 갑자기 혜성처럼 나타나는 기업이 있다.

하지만 갑자기 뜬 회사는 그 영광을 오랫동안 끌고 가기 어렵다.

IMF 전에 화제가 됐던 몇몇 기업들은
약한 기반 때문에 견디지 못하고
쓰러져버렸다.

술집을 운영하면서
사놓은 부동산 가격이 폭등하자
사업가로 나섰던 박 씨.

건설, 의류, 서비스, 골프장, 백화점 등
빠른 속도로 사업영역을 확장해 나가면서
재벌 그룹 대열에 합류하는 듯했다.

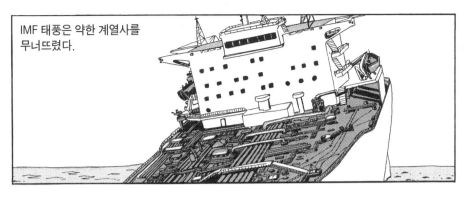

IMF 태풍은 약한 계열사를
무너뜨렸다.

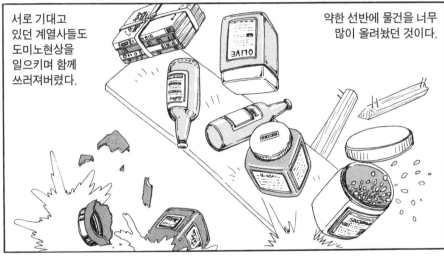

서로 기대고
있던 계열사들도
도미노현상을
일으키며 함께
쓰러져버렸다.

약한 선반에 물건을 너무
많이 올려놨던 것이다.

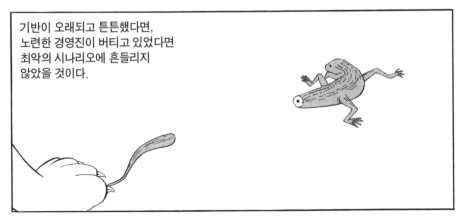

기반이 오래되고 튼튼했다면,
노련한 경영진이 버티고 있었다면
최악의 시나리오에 흔들리지
않았을 것이다.

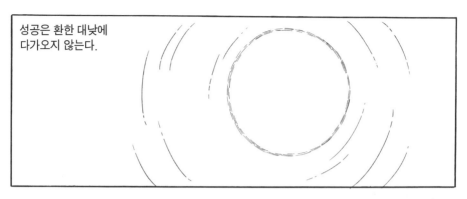

성공은 환한 대낮에
다가오지 않는다.

어둠 속에서 꾸준히 노력해서
노하우가 쌓이면 모르는 사이
슬그머니 곁에 다가와
미소 짓는 것이 성공이다.

급하게 된 부자는
오래가지 못한다.
항상 쉽게 돈 벌
궁리만 한다.

점 하나만
찍고 3천
받아야지.

'쉽게 번 돈은 쉽게 없어진다'는
말은 진리다.

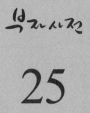

부자사전

25

부자들에게
도움을 구하라

"내가 좋아하는 사람들도 부자였으면 좋겠다.
같이 여행 다니고 골프도 치면 즐거울 것이다."

— 설종관(포목점 및 임대업) —

사회생활을 하다 보면 항상 혼자인 사람이 있고, 항상 주위에 사람들이 바글대는 사람이 있다.

술값만 많이 들지 뭐….

부자도 마찬가지다.

학창시절 자기 시험지가 커닝당할까봐 꼭 가리고 답안지를 작성하던 우등생이 있듯이

좀 보여줘.

싫어. 너희들 점수가 올라가면 내가 좋을 게 뭐 있냐?

다른 사람이 자신이랑 동급이 되는 걸 싫어하는 부자가 많다.

돈 어떻게 버냐?

똑같이 100평 아파트에 살고, 똑같이 롤렉스 금딱지 시계 차고, 똑같이 BMW 타면 안 되지.

그런 부자가 있는 반면 자신에게
확보된 충분한 이익을 주위 사람들과
나누는 부자도 많다.

내가 투자한 땅이
계속 오르고 있으니
가진 돈 있으면
투자해라.

남 주기 싫어서 배가 터지도록
혼자 먹는 것과

맛있으니까 주위와 나눠
먹는 것은 아주 다르다.

남아서 썩어도
안 준다.

평소에 많이
먹으니까 이건
나눠 먹자.

내가 좋아하는 사람들도
부자였으면 좋겠어요.

같이 여행도 다니고
골프도 치면
좋잖아요.

굿 샷!

주위환경에 따라
친구도 바뀐다.

집 이사 때문에 학교를 옮기면
죽고 못 살던 친구와도 멀어지게 된다.

전화해!

안녕!

초등학교 친구

아이스케키!

꺄악!

중학교 친구

꼴깍!

와!
크다

고등학교 친구

대학 친구

사회 친구

친구는 여러 번
바뀐다.

골프를 치게 되면 넉넉하게 사는 골프 친구가 따로 생기고

등산을 하게 되면 체력이 비슷한 등산 친구가 생긴다.

친구를 모두 다 곁에 두고 싶지만 그렇게 되지 않는다.

부자는 안부자들을 부자로 이끌기도 하지만 모든 사람을 돕는 건 아니다.

부자의 싹수가 보이는 사람, 부자가 되기
위해 노력하는 사람만 돕는다.

술 그만 마시고
저축하라고 몇 번
얘기해야겠냐!

술값 아껴서
부자 되는 놈
봤냐?

요즘 어렵다면서
이런 차는 왜
타고 다니지?

비즈니스
때문이지 하고
싶어서 이러는
줄 알아?

그건 여유 있는
사람들 시각이야.
난 그렇게 못해.

이런 사람들한테는
공들이지 않는다.

공구 상가를 하는
정 씨.

가게가 작아 보이지만 연간 매출이 20억 이상 이다.

정 씨는 이런 점포를 세 개 가지고 있다. 이 일대의 '큰손'이다.

와! 크다.

또 정 씨의 가게를 거쳐 간 사장 네 명이 그 부근에서 점포를 운영하고 있다.

저까지 다섯 명이 여덟 개의 공구 상가를 쥐고 있으니까 이 일대에서 영향력이 제일 크죠.

24년간 공구 장사를 하는 동안 줄잡아 300명이 넘는 직원이 들락거렸습니다.

처음엔 저도 먹고살기 힘들어서 직원들에게 신경 못 썼는데 가게가 잘되니까 직원들 사는 모습이 눈에 들어오더라고요.

잔소리 많이 했어요. 돈 아껴 쓰라고요.

전부 '소 귀에 경 읽기'였다.

월급 많이 주면서 저축하라고 해보세요.

그 중에 마음에 드는 직원들이 몇 있었는데 지금 여기서 장사하는 사람들입니다.

78

어떻게 마음에
들었다는 말씀이죠?

성실하고, 가게에 일찍
나오고, 손님에게
친절하고, 궂은일
시켜도 불평하지 않고,

그런데 흠이
있었어요.

!

돈을 모을 줄
모르는 겁니다.

그래서
제안을 했죠.

월급에서 30%
용돈만 빼고 나한테
맡기면 내가 알아서
불려 주겠다.

ENGLIS

대부분 제안을 거절했다.
아마 한 씨가 미덥지 않았을 것이다.

제안을 받아들인 직원은 비중이 큰 숙식비를
해결해 주기 위해 정 씨의 집 지하방으로
불러들였다.

그 중에서 상당수가 중도 탈락했다.
집안에 우환이 생기거나 이런저런
이유로 가게를 그만두고 떠났던
것이다.

정 씨는
그들의 돈을
불려서 고참
순으로 가게를
장만해 줬다.

돈이 부족하면
차용증을 받고
빌려줬다.

일곱 명에게 가게를 만들어 줬는데 그 중 세 명은 가게 운영에 실패했다.

같이 출발해도 사람마다 능력의 차이가 있나 봐요.

정 씨는 같은 상권에서 같은 장사를 하는 네 명의 사장들을 보면 든든한 생각이 들 것이다.

주변에 부자가 있다면 그의 말에 귀를 기울이는 것이 좋다.

부자가 잔소리하는
것은 당신을 도울
의사가 있다는 것이다.

부자가 관심을 보일 때
밀고 들어가 노하우를
배워야 한다.

많지는 않지만
노력하는 사람을 돕고
그 성공의 과정을 함께
즐기는 부자도 있는
것이다.

만화계에 '허영만 사단'이란
말이 있다.

허영만 화실을 거쳐서 데뷔한 만화가들이
많아서 나온 말이다.

필자가 키운 것이 아니고 스스로의 능력으로
컸지만 항상 내 새끼라는 생각이 들어 관심이
많다.

발표하는 작품마다
성공하면서 쑥쑥
크는 걸 보면
흐뭇하기 짝이
없다.

내 새끼가 원고료 받았다고
술 한잔 사러 오면 그 술이
그렇게 맛이 좋다.

빨대로 술 빨고
있는 김군

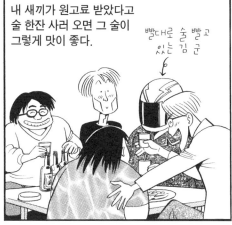

필자가 아는 지면에 만화가가 필요하다면
우선 내 새끼들부터 생각한다.
제각각의 실력은 오래전부터
봐와서 아는 터라
고르기가 쉽다.

누가 이 지면에
적당할까?

박 군은
요즘 바쁘고.

윤 군은 얼마
전부터 준비한
아이디어가
있다고 했지.

그 지면에 적당한 작가가
있는데요. 그럼요.
실력이 있는 작가지요.

!

그 사람들이 인기가
더 좋아서 허 선생이
밀려나면 어떡하려고
자꾸 추천하세요?

허허허.

그때가 되면
기쁜 마음으로
떠나야지요.

성공의 과정을
함께 즐기는
것이다.

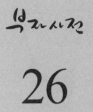

부자사전

26

주식으로 확실하게
돈 버는 방법

"돈, 나를 얽매이지 않게 하는 힘!"

─ 최병길(변호사) ─

한참 뒤

김 대리, 저녁 쏜 지 오래됐는데 또 쏠 일 없냐?

말시키지 마. 욕심냈다가 거덜났어.

용돈 따 먹으려고 몇 번 해서 성공하니까 자신이 생기더라고.

그래서 아버지돈, 누님돈, 장모님 쌈짓돈까지 끌어들여서 덤볐는데 반 토막 나버렸어.

주식 투자를 하겠다면 대부분 말린다.

37년 주식 투자해서 남은 건 주름살뿐이야.

그러나 주식 투자로 재미 본 부자는 말한다.

주식 투자로 확실하게 돈 버는 방법이 있습니다!

건물 임대업을
하는 최 씨.

15층 빌딩의 꼭대기 층에 있는 최 씨의 사무실 책상
위에는 한 대의 컴퓨터와 두 대의 액정화면이 놓여 있다.

Edaily의 뉴스 화면과 증권사의
홈 트레이딩 시스템(HTS)이
켜져 있다.

데이트레이딩을
하십니까?

아뇨.

그냥 보고
있는 겁니다.

＊데이트레이딩(Day Trading) : 치고 빠지는 초단타 매매 기법.

88

저는 주식 투자로
꽤 많은 돈을 벌었지만
1년에 한두 번밖에
매매를 하지 않습니다.

사람들은 주식을 갖고 있다가
높은 값에 팔아야 돈을 번다고
하는데 사실은 그렇지 않아요.

주식을 얼마에 사느냐가
중요합니다. 돈을 벌고
못 벌고는 이미 살 때
결정이 납니다.

주식마다 한계값
이라는 것이 있어요.

그 한계값
이상 올라가는
것이 쉽지
않아요.

그런데 사람들은
더, 더, 더, 하다가 타이밍을
놓쳐버리고 맙니다.

시장이 좋지 않을 때 사놓고 언젠가는 오를 테니까 기다리는 겁니다.

정확한 원칙만 지키면 주식 투자는 쉽습니다.

주식 투자가 쉽다고? 그런 말은 삼척동자도 안 믿어!

그거 다 헛소리야! 어쩌다 성공할지는 몰라도 언젠가는 깡통차게 돼 있는 것이 주식 투자야!

마냥 기다리는 겁니까?

마냥 기다리는 것이 아니라 처음 살 때부터 정해 놓은 목표값에 도달하면 뒤돌아보지 말고 가차없이 파는 겁니다. 머뭇거리다간 손해볼 수 있어요.

목표값을 정한다고 그대로 실천이 될까요? 계속 오르고 있고 더 오를지 모르는데 파는 사람이 있을까요?

저도 그러다가 몇 번 혼이 났어요. 그 교훈을 깨닫고 실행할 수 있을 때까지 단련이 되어야지요.

이해하기 쉽게
최근에 주식 투자로 돈을 번
경우를 얘기해 주세요.

최 씨의 얘기는
2001년 9월 11일,
입이 쩍 벌어질
정도로 어마어마한
테러가 발생한
날로부터
시작됐다.

9·11이 터지자
주식시장이 내려앉은
것은 물론이고,
경제공황으로까지 이어질
것이라는 관측이 나왔다.

그러나 최 씨는
그렇지 않다고
판단했다.

소련이 무너져서
미국에 필적할
나라가 없는데
그럴 리 없어!

테러가 터진 다음날
주식을 샀다.

9.12

그 주식의 목표값은
얼마였습니까?

종합주가지수
850!

최 씨가 산 종목은 삼성전기,
삼성중공업, 현대자동차,
평화산업, LG건설, 전기초자,
한국유리, 동양화재 등이었다.

최 씨의 이야기를 토대로
주가 흐름을 역추적해 봤다.

테러 발생 다음날인
9월 12일의 종합주가
지수는 475.60

2002년 3월 14일에
종합주가지수는
856.86이 됐구나.

그 이후에도 주가는 계속 올라
4월 18일에 지수가 937.61까지
올랐지만 '목표에 도달하면
가차없이 처분한다'는 최 씨의
주장대로하면 그때까지 갖고
있지는 않았을 것이고….

삼성전기	2001년 9월 12일 종가 32,500원		
	2002년 3월 14일 종가 69,400원		
삼성중공업	3,290원	→	5,270원
현대자동차	18,800원	→	39,950원
평화산업	1,615원	→	3,600원
한국타이어	2,010원	→	3,055원
LG건설	11,000원	→	15,650원
전기초자	54,300원	→	93,400원
한국유리	15,350원	→	22,450원
동양화재	4,580원	→	18,450원

이 종목들에 투자한 돈은 얼마였습니까?

에이… 그냥… 조금…

돈이 넉넉지 못해서 비싼 주식은 손을 대지 못했지요.

그러나 간접적으로 최 씨의 투자 규모를 알 수 있었다.

최 씨 거래
은행 직원
↓

그분은 주식에 10억 정도 투자하고 있어요.

최 씨의 종목별 투자 비중은 확인 안 됐지만 대략 100%의 수익을 올렸다고 보면 10억을 투자해 6개월 만에 10억을 벌었다는 계산이 나온다.

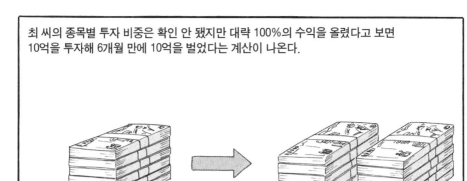

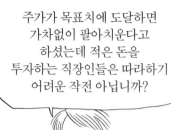

주가가 목표치에 도달하면 가차없이 팔아치운다고 하셨는데 적은 돈을 투자하는 직장인들은 따라하기 어려운 작전 아닙니까?

돈이 적으니까, 그 돈이 없어지면 타격이 크니까 더욱 과감하게 팔아야지요!

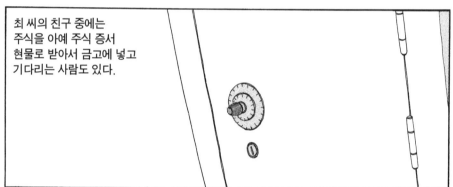

최 씨의 친구 중에는 주식을 아예 주식 증서 현물로 받아서 금고에 넣고 기다리는 사람도 있다.

주가가 오르면 자꾸 팔고 싶은 유혹이 생기니까 자신을 묶어놓는 방법을 쓰는 것이다.

금고 열쇠 내가 달래도 주지 마. 절대로!

당시 상황에서는 지수가 850까지 가기를 기대하는 건 무리였는데 근거는 무엇이었습니까?

사실 저도 불안했어요.

2001년 말에 주식시장이 비정상적으로 달아올랐다고 사람들은 주가지수가 꺾어지기만 기다리는 상황이었거든요.

그래도 저는 기다리기로 했습니다.

1년이 될지 2년이 될지 모르지만 500선 밑으로는 절대 떨어지지 않을 거라 믿었지요.

'목표치'라는 걸 정해 놓지 않았으면 이때 흔들렸을 것이다.

27

주식에 몰빵하지 마라

"돈이 사람보다 빠르다. 그래서 쉽게 잡을 수가 없다.
좇지 말고 그물을 들고 기다려야 한다. 먼저 정성들여 그물을 잘 짜야 한다."

— 황윤석(전자부품 유통업) —

주식으로 돈을 벌고 싶으면 목표치 투자 원칙을 권하고 싶다.

'기다려' 하면 기다릴 줄 아는 처칠→

주식 투자에 이런 말이 있다.

몰 빵

어떤 종목이 눈에 들어오면 자금을 털어 한 곳에 몽땅 배팅하는 것을 말한다.

'몰빵'은 크게 벌 수도 있고 쪽박을 찰 수도 있다. '몰빵'은 위험하다.

으르르

부자들은 '몰빵'이란 말을 싫어한다.

몰빵은 이판사판식 투자 방법입니다. 그건 안 돼요.

투자의 기본은 분산 투자거든요.

투자는 여유자금으로 해야 한다. 집 팔아서 투자하면 조급해져서 망치기 쉽다.

씨앗 뿌려 놓고 안달한다고 나무가 쑥쑥 크는 것이 아니다.

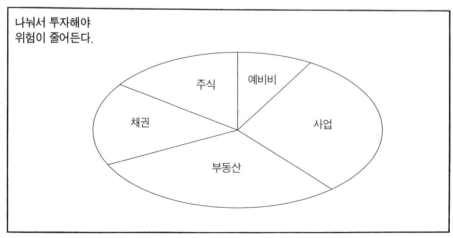

나눠서 투자해야 위험이 줄어든다.

주식
예비비
채권
사업
부동산

부자 100명에게 주식 투자를 하고 있느냐고 물었다.

78명이 주식 투자를 하고 있고, 그 중 51명은 펀드에 장기간 굴릴 여윳돈을 넣어두고 있다고 답했다.

그러니까 78명 중 51명은 펀드를 통해 간접투자를 하고 있었고

나머지 27명은 스스로 주식을 사고파는 직접투자를 하고 있었다.

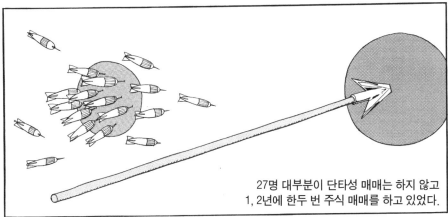

27명 대부분이 단타성 매매는 하지 않고 1, 2년에 한두 번 주식 매매를 하고 있었다.

가능한 한 주식 투자로 큰돈을
만질 생각을 하지 않는다.

부자가 되려면 크게 한 번
배팅할 때가 있잖아요?
과거에 그렇게 해서 돈을
벌지 않았습니까?

주식은
그렇지 않아요.

200억 부자
조 씨 →

부동산은 땅이라도
남지만 주식은 하루아침에
휴지조각이 되는 경우가
많아요.

땅은 오르고 내려봐야
거기서 거긴데 주식은 등락폭이 커서
훨씬 위험해요.

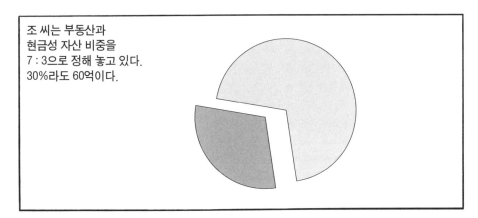

조 씨는 부동산과
현금성 자산 비중을
7 : 3으로 정해 놓고 있다.
30%라도 60억이다.

60억 중 40%, 즉 24억은
마켓펀드(MMF)에 들어가 있다.

눈에 들어오는
주식이 있거나
좋은 부동산이 나왔을 때
돈을 꺼내기 편리한 것이
마켓펀드입니다.

당장 좋은 투자처가 생겼는데
여윳돈이 없이 전부 부동산에 묶여 있다면
그 부동산을 팔아야 투자가 가능하다.
시간이 많이 걸리는 사이 변수가 생겨
타이밍을 놓치기가 쉽다.

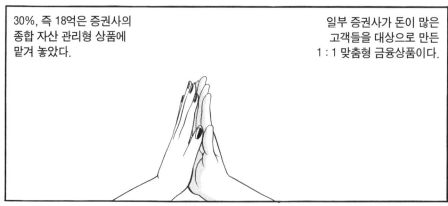

30%, 즉 18억은 증권사의 종합 자산 관리형 상품에 맡겨 놓았다.

일부 증권사가 돈이 많은 고객들을 대상으로 만든 1 : 1 맞춤형 금융상품이다.

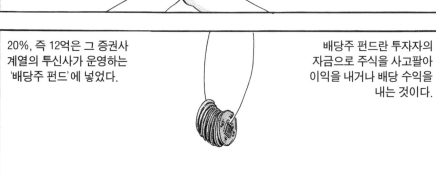

20%, 즉 12억은 그 증권사 계열의 투신사가 운영하는 '배당주 펀드'에 넣었다.

배당주 펀드란 투자자의 자금으로 주식을 사고팔아 이익을 내거나 배당 수익을 내는 것이다.

일반 투자자들은 배당이익을 우습게 보는 경향이 있다.

하지만 연말 배당을 노리는 배당주 투자는 안전성과 수익성을 동시에 얻는 훌륭한 투자 전략이다.

결국 조 씨의 현금 자산 중 90%가 간접투자되고 있다.

나머지 10%는요?

제가 직접 주식 투자를 하는 데 씁니다.

재미로 하는 거니까 크게 신경 쓰지 않아서 그런지 은행금리보다 조금 나을 정도로 수익률을 올리고 있어요.

재미로 투자하는 돈이 6억이다.

우리나라처럼 '월급쟁이 직접 주식 투자자'가 많은 나라는 없다.

주식 투자 인구 350만.

한국은행 조사에 의하면 개인 투자자 가운데 40%가 은행 빚을 얻어 직접 투자한다.

싼 땅 많이 사봐야 헛일이라고 했다.

그래서 수익률 상승률이 우량주에 비해 높고 값싼 부실 주식을 산다.

부실 주식은 등락폭이 커서 위험천만이다.

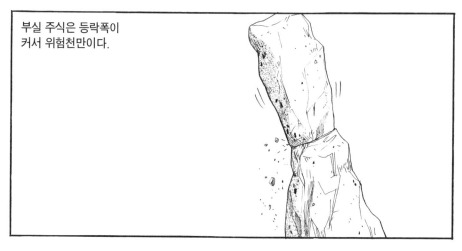

주식을 배울 때 우량주나
고가주를 매매하는 것을
먼저 배워야 합니다.
위험 없이 안정적이니까요.

부자들의 출발도
안부자들과 다르지 않다.

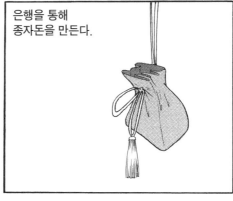

은행을 통해
종자돈을 만든다.

어느 정도 목돈이 되면 중간위험,
중간수익을 노린다.

그러다가 여윳돈이 생기면
고위험, 고수익을 노린다.

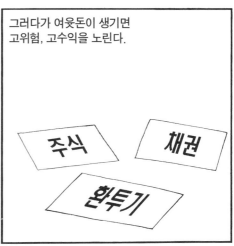

이런 원칙을
가장 잘 지키는
나라가 미국이다.

미국의 개인 투자자들은
주식형 수익증권, 채권형 수익증권,
해외 투자 펀드 등에 장기 분산 투자해
위험도를 낮추면서 재산을 불린다.

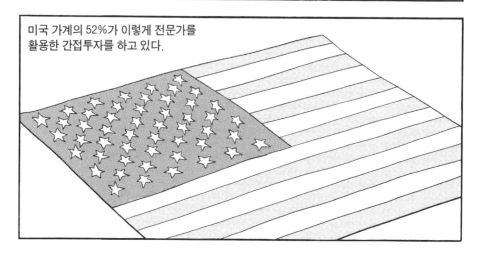

미국 가계의 52%가 이렇게 전문가를
활용한 간접투자를 하고 있다.

부자들도 처음에 투자를 시작했을 때는 문외한이었다. 필요한 인맥을 찾아 하나하나 투자 공부를 한 것이다.

'제로인'이라는 펀드평가 전문 회사는 간접투자의 필요성을 이렇게 말한다.

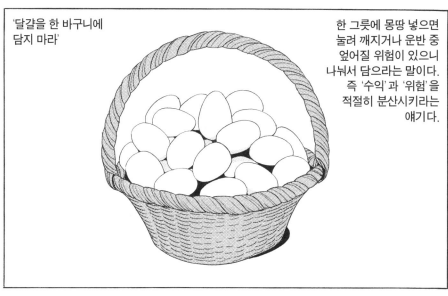

'달걀을 한 바구니에 담지 마라'

한 그릇에 몽땅 넣으면 눌려 깨지거나 운반 중 엎어질 위험이 있으니 나눠서 담으라는 말이다. 즉 '수익'과 '위험'을 적절히 분산시키라는 얘기다.

시장에서 아래와 같이 물건을 파는
두 사람이 있다 치자.

갑 : 우산 또는 선글라스를 파는 사람.
을 : 우산과 선글라스를 파는 사람.

단지 '또는', '과'가
다를 뿐이지만
아주 큰 차이가 있다.

갑의 경우 우산만 판다면
비 안 오는 날은 손님이 없을 것이고
선글라스만 팔면 비 오는 날 손님이
없을 것이다.

을의 경우 우산과 선글라스를 같이
팔기 때문에 비가 오든 안 오든 간에
일정 수익이 보장된다.

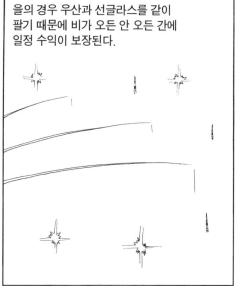

우산을 만드는 좋은 회사가 있어서
있는 돈을 전부 투자했는데
기상이변으로 비가 한 방울도 내리지
않았다면 투자자는 낭패를 본다.

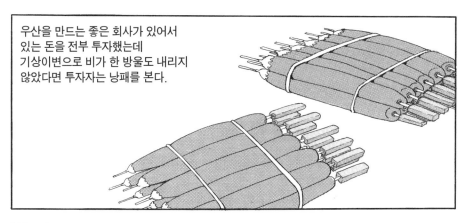

우산을 만드는 회사와 선글라스를 만드는 회사에
있는 돈을 반반씩 투자했다면 비가 오든, 안 오든
상관없이 전자보다는 위험이 훨씬 줄어든다.

이것이 계란을 나눠 담음으로써
위험을 분산시킬 수 있다는 이론이다.

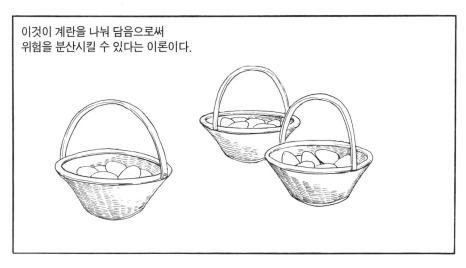

그러면 어떻게 나눠 담을 것인가?

여기에 또 기술이 필요하다.

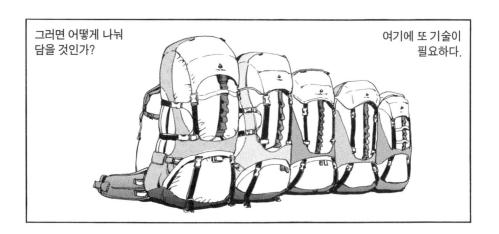

상황에 따라 같은 영향을 받을 수 있는 종목은 피해서 투자한다.

예 : 우산 회사＋장화 회사
     선글라스 회사＋여름 옷 회사

'펀드'에 투자하는 것은 계란을 한 바구니에 담는 것이 아니라 여러 개의 바구니에 나눠 담는 효과를 볼 수 있다.

이 때문에 펀드에 투자할 경우 개별 종목에 몰아 투자하는 것보다 위험이 적게 나타난다.

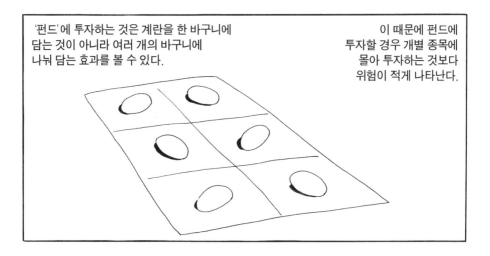

28

5%의 행운은
95%의 노력 끝에 온다

"힘의 원천은 신념이다.
나는 돈에 대한 신념을 가지고 있고, 그것을 지키며 살아왔다."

— 이재우(부동산 투자업) —

돈은 사람보다 빠르다.
그래서 쉽게 잡을 수 없다.
좇지 말고 기다려야 한다.

의류회사를
운영하는
조 씨.

재운(財運)은
하늘이 정해 줍니다.

개개인마다
부(富)를 담을 수 있는
다양한 모양의 그릇을
갖고 태어난다고
생각합니다.

조 씨는 셔츠 만드는 회사를 인수해 남성복 전문업체로 키워낸, 그 방면 40년 경력의 베테랑.

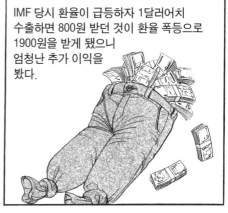

IMF 당시 환율이 급등하자 1달러어치 수출하면 800원 받던 것이 환율 폭등으로 1900원을 받게 됐으니 엄청난 추가 이익을 봤다.

이렇게 번 돈을 벤처 기업에 투자했는데 큰 손해를 봤어요.

그 돈으로 부동산을 샀어야 했는데 에이….

사주팔자를 따져 보면 잘되겠다, 안 되겠다라는 답이 나오지 않아요?

저는 그걸 상당히 믿습니다.

이유 중 하나는,
내가 물불 가리지 않고
그렇게 열심히 일했는데도
재벌그룹의 회장들
발끝만큼도 따라가지
못한 것,

그렇지만
돈이 나갈 일이 있어도
반드시 그만큼
돈 들어올 일이 생겨
처음과 같아진다는 것.

실제로 아들놈 결혼할 때
아파트를 사주느라고 2억을 썼는데
사두었던 땅이 그린벨트에서
풀리면서 2억이 생겼고

주식 투자로 1억을 날렸는데
집값이 1억 올라가더라니까요.

운칠기삼(運七技三)

세상의 모든 일에 운이 7할 작용하고
기술이 3할 작용한다는 뜻인데
특히 시험을 치를 때 이런 말이
자주 나온다.

다른 데는 몰라도 운칠기삼을 시험에 적용시킨다는 건
이치에 닿지 않는다고 필자는 생각했다.

시험은
기술 99,
운 1이다.

우리 큰놈은 10년 전에 대학 입시를 치렀다.

입시생을 둔 부모들은 대학 입시를 '전쟁'이라고 표현할 정도로 온 가족이 긴장한다.

당시 모든 생활 사이클은 큰놈에게 맞추어져 있었다.

오늘밤 10시에 학원 가서 석균이 태우고 와야 해요.

응.

좋아하는 술도 마시지 못하고 대기한다.

큰놈과 작은놈
대학 입시 끝날 때까지
우리 부부는 5년 동안
놀러 간 적이 없다.

응.
너희들끼리
갔다와.

아이들 공부하는 데 미안하기도 하고
그 고통에 동참하는 기분으로 자제했다.

큰놈이 대학 입시 시험을 보던 그날,
조마조마하기 그지없던 그날.

누님, 무슨 꿈
꾼 것 없어?

누님은 꿈이
잘 맞잖아.

큰놈이 시험을 치르고 부랴부랴
집으로 뛰어 들어왔다.

쿵쿵쿵

그리고 마루의 벽을 멍하니
보고 있었다.

저거야!

10여 년간 응접실 벽에 걸어 놨던 유치환의 '바위'라는 시가 국어시험에 나온 것이다.

큰놈은 매일 보던 시구가 시험에 나오자 마음이 편안해지면서 시험을 잘 치렀던 것이다.

큰놈은 원하던 대학엘 갔고 필자는 그후 운을 많이 생각하게 됐다.

그렇지만 70%는 아니야. 운은 많아 봐야 10% 정도지.

부자들 역시 '운칠기삼'은 맞지 않는다고 지적했다.

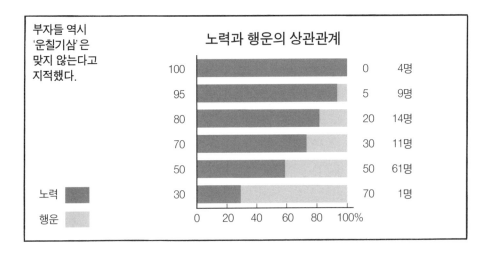

노력과 행운의 상관관계

	노력	행운	
100		0	4명
95		5	9명
80		20	14명
70		30	11명
50		50	61명
30		70	1명

노력 ■
행운 ▨

운칠기삼만큼 운이 따라서 기사회생한 사례는 있지만 희귀하다.

이 씨가 그런 경우.

이 씨 부부는 고생고생해서 모은 돈으로 변두리에 땅을 샀다.

그 주변은 이미 고만고만한 건물이 빼곡히 들어차 있어서 건물을 짓겠다는 이 씨의 의견을 주위 사람 모두 반대했다.

세를 못 놓으면 들어가 산다는 각오로 집을 지었는데 공사가 끝나기도 전에 팔라는 사람들이 나타났다.

전철역이 이 씨 건물 바로 앞에 생긴다는 것이었다. 덕분에 임대 계약은 쉽게 끝났다.

이런 행운은 아무나 기대하면 곤란하다.

이렇게 말하는 부자도 있다.

나는 운 때문에 부자가 되었다고 생각한 적이 없어요.

실패와 성공을 거듭하면서 행운을 기대하지 않았고 모든 일을 나 스스로 풀어냈어요.

노력이 100%! 행운은 0%

그러나 대다수 부자들은 노력을 하면 행운도 함께 들어온다는 시각이 있었다.

행운의 기여도는
5% 정도일 겁니다.

5%의 행운이면
부자가 되기에
충분합니다.

그러나 5%를 얻기 위해서는
95%의 노력이 필요하다는
것을 잊으면 안 된다.

결론을 말하자면 팔자는
정해져 있지 않다는 것이다.

노력을 통해 스스로를 단련시키면
팔자도 따라서
변한다는 것이다.

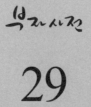

29

실패한 원인을
집중 분석한다

"어릴 적에는 실수를 하면 혼나는 것으로 그만이었다.
그때가 그립다."

— 김형선(회사원, 임대업) —

2003년 일본 개인 납세액 1위를 차지한 사이토 히토리 씨.

하루에 1000번씩 '나는 재수가 좋다' 라고 외치면 진짜로 재수가 좋아지므니다.

'나는 부자다' 라고 하루에 1000번씩 외쳐 보자. 진짜로 부자가 되지 않을까?

나는 부자다!
나는 부자다!
악!

시끄러!

재산이 적어도 '나는 부자다' 라고 생각하면 부자일 것이고

이 정도면 충분해.

재산이 많아도 항상 부족한 느낌을
받으면 안부자일 것이다.

부자 100명에게 사업에
실패했던 원인을 물어봤다.

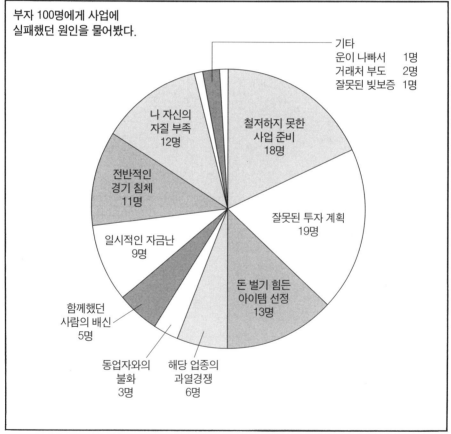

어릴 적에는 실수를 하면 혼나는 것으로 그만이었다.

쪼그만 놈이!

때려 줘!

그러나 부자가 되려면 왜 실수를 했는지 원인을 알아야 한다.

이러면 모르겠지.

전자부품 회사를 운영하는 유 씨.

수차례 부도를 낸 범법자였고 '도둑놈', '사람구실 못하는 놈'으로 손가락질 받았다.

무역회사 과장 출신인 유 씨는 1980년 초반 사업을 시작했다.

국내 전자산업이 쑥쑥 크고 있다.

일본에서 부품을 수입해서 팔면 되겠구나.

아이디어가 통하니까
슬그머니 욕심이 생겼다.

아예 일본기술을
들여와 제조를 하자!

그동안 모은 자금과 은행돈을
빌려 일을 시작했다.

ㅋㅎㅎ. 앞날이
훤하게 보인다!

그러나 복병이 있었다.

대기업 협력사가 유 씨보다
한 발 먼저 제품 생산을
한 것이다.

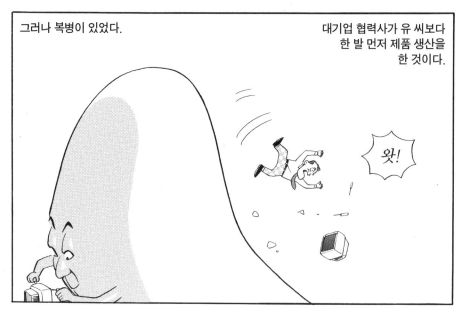

왓!

두들기고
사정해 봐도
문은 이미 굳게
닫혀 있었다.

콩 콩

문 열어!

은행에서도
눈치챘다.

돈 갚아!

회사는 부도가 났고 공장과 살던 집이 날아갔다.

다 녹은
아이스크림

첫 번째 사업의 실패 원인이
무엇인지도 모르고
두 번째 사업을 벌였다.

역시 전자부품을
수입하는 사업이었다.

잘 아는 일을
해야 한다.

만화보다
잘 아는 것이
없기 때문에 평생
만화만 그렸다.

두 번째 사업을 벌인 지 1년도 안 된 어느 날.

여기 일본입니다. 입금이 안 되어 있어요.

우리 직원이 은행에 간 지 다섯 시간이 되었는데 그럴 리가 있나요?

그러나 사실이었다. 여직원이 애인 장사 뒷돈 대준다고 회사 돈을 횡령한 것이다.

두 번째 사업도 내려앉아 버렸다.

1990년대 초반 붐이 일기 시작한 PC의 부품과 주변기기를 수입해서 팔았다.

이것도 주변기기요?

PC 업그레이드가 유행처럼 번지자 부품장사가 잘 됐다.

또 욕심이 생겼다.

직접 만들어서 팔면 이익이 더 많다!

직원들을 많이 뽑아 직접 PC를 만들고 직판매장, 대리점을 늘려나갔다.

그러나 세 번째 사업도 2년도 못 돼 침몰했다.

난립한 조립 PC업체들의 출혈 경쟁 틈에 끼여 있었던 것이다.

그러나 유 씨는 포기하지 않았다.

다른 배들이 전부 가라앉을 때까지 버티면 승산 있다!

S.O.S 광석아, 은광아, 있는 돈 모두 보내라. S.O.S!

결국 버티지 못하고 유 씨의 배도 가라앉고 말았다.

유 씨는 사기꾼이 돼버렸고 경찰과 빚쟁이에게 쫓겨다니는 신세가 됐다.

세 번의 사업실패로 유 씨가 얻은 교훈은 실패 이유가 대기업 협력사도 아니고, 경리사원도 아니고, 경쟁회사도 아니고, 유 씨 본인에게 있었다는 것을 알았다.

철저하지 못한 사업 준비와 잘못된 투자 계획 때문이었습니다.

유 씨는 네 번째 사업으로
1996년 말에 일어섰다.

예전에 거래했던 일본 회사가
전자부품 회사를 한국에 세우면서
유 씨와 손잡았다.

유 씨가 성공한 결정적인
외부 원인은 IMF였다.

원화 가치가 떨어져서
물건을 수출하면 대금은
두 배 이상이 들어왔다.

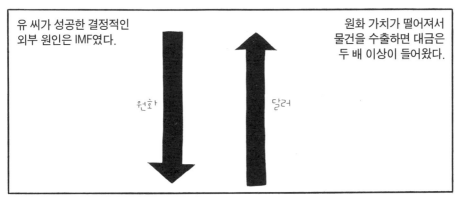

일본과 동업관계를 정리하고 지금은
유 씨가 회사를 경영하고 있다.

사람들은 현재의 나를 보면서
부러워하지요. 그러나 나는 세 번의
실패를 기억하고 있습니다.

그때 부도가 났던 어음들입니다.

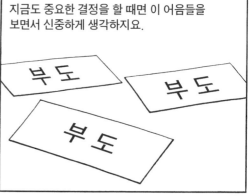

지금도 중요한 결정을 할 때면 이 어음들을 보면서 신중하게 생각하지요.

부도

부도

부도

돈을 벌어서 부자가 된다는 것은 열심히 한다고 되는 것이 아니다.

실패와 성공을 통해 이력을 쌓아야 한다.

갑자기 큰돈을 만질 수는 있어도 경험이 없으면 그 돈을 지키지 못한다.

30

샐러리맨의 꽃
영업을 배워라

"처음은 누구에게나 힘들다.
참고 버티면 주변에 지원군이 생긴다. 그러기까지 사람 관리가 중요하다."

— 황주현(무역업) —

누구나 '샐러리맨'은
부자 100명 중에 끼지
못한다고 생각할 것이다.

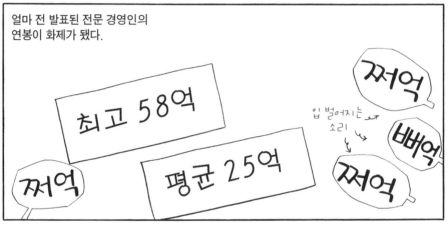

얼마 전 발표된 전문 경영인의
연봉이 화제가 됐다.

최고 58억

평균 25억

쩌억

쩌억

빠억

쩌억

입 벌어지는
소리

그러나 100명의
부자에는 전문 경영인
말고 샐러리맨도
여럿 끼어 있었다.

보험 판매하는
전 씨

전 씨의 연간 수입은
3억 원 정도.

개인 활동비를 5천만 원 쓰고도
2억 5천이 수입이다.

보험사들은 영업사원이
신규계약을 체결해 오면
계약 보험료의 1.5~4%의
커미션을 영업사원에게
지급한다.

한몫에 주는 회사도 있고
몇 년에 걸쳐 지급하는
회사도 있다.

영업사원이 1억짜리 계약을 맺으면
150만~400만 원의 수입이 생긴다.

그것 괜찮네.

계약이
그렇게 쉽나?

전 씨는
말한다.

샐러리맨 중
사무직은 별볼일 없고
영업직이 돈을 벌 수
있는 기회가 많아요.

대부분의 기업들이
영업의 활성화를 위해
인센티브 시스템을 쓰기 때문에
열심히 뛸수록 수입이 많아지거든요.

'월급쟁이 신세'라고
한탄하는 샐러리맨은 노력을
포기한 사람입니다.

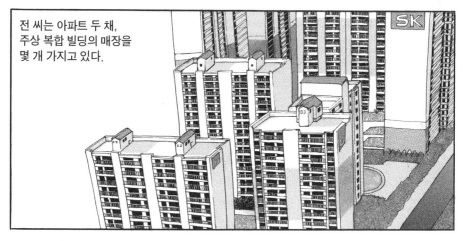

전 씨는 아파트 두 채,
주상 복합 빌딩의 매장을
몇 개 가지고 있다.

전 씨에게는
특이한 고객
공략법이 있다.

껄끄러운 상대는
비 오는 날
방문합니다.

비 오는 날엔 다른
약속이 없기 쉽고 손님
방문도 드물기 때문에
여유 있게 대화를
나눌 수 있지요.

처음부터 보험 얘기 꺼내면 잡상인 취급하니까 예상 고객의 얘기를 들어주고 인생에 대해 얘기를 나눈 다음 슬그머니 보험 얘기를 꺼냅니다.

하지만 첫 대면 때 명함을 나누는 순간 예상 고객은 이 사람이 무슨 얘기를 할 것인지를 알고 있다.

전 씨의 계약 성공은 3할대.

3할대는 상위 타자!

최희섭, 8월 23일 현재 타율 2할 6푼 22리

부지런히 예상고객을 찾아다닙니다.

똑 똑

이미 계약한 고객도 소홀히 하면 안 됩니다. 믿음을 주면 주위 사람을 소개시켜 주거든요.

2005년 Diary

끈기없이 조급하게 행동하면 일을 망치기 쉽습니다.

증권가의 전설 H씨.

100명의 부자 중 유일하게 만나지 못한 인물 →

H씨는 노출을 극도로 꺼리는 인물이었다.

H씨는 다른 영업사원처럼 발로 뛰지 않는다.

앉아서 고객상담 하기도 바빠요.

H씨가 올리는 수익은 잘 나가는 지점 두 개를 합친 것보다 많다.

그러니 서울 본사 사장이 H씨를 골프 접대하러 지방까지 내려와서 아양을 떤다. 그만큼 H씨의 고객이 엄청나게 많다.

딱

굿 샷, 나이스 샷, 마블러스 샷! 판타스틱 샷! 오잘공 (오늘 제일 잘 맞은 공)

H씨의 연간 수입 최고액은 17억!

억!

쿵

H씨의 실력은 하락장에서도 평균 20% 이상의 수익을 올릴 정도였다. 고객이 장사진을 이뤘다.

H씨 사랑해요

보고 싶어요

술 한잔 살게

I ♥ H

비결이 뭐였습니까?

잠을 자지 않았지요.

회사 동료가 H씨 대신 나왔다.

집에 가면 새벽 4시까지 컴퓨터를 보고, 뉴스와 종목을 체크한 다음 잠깐 눈을 붙이고 출근했어요.

그러니 전 종목을 꿰차고 있을 수밖에요.

나도 만화에 나오는 거지요?

무서운 애기다.

거래소와 코스닥을 합치면
종목은 1000여 개가 넘는다.

그것을 매일 체크했다니 그의 머릿속은
'지진계'처럼 복잡했을 것이다.

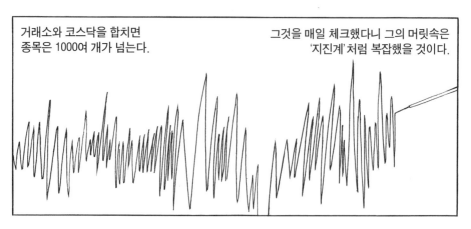

지방의 주부 영업사원이
H보험회사의 3번째
보험여왕으로 뽑혔다.

아침잠이 인생에
가장 큰 낭비.

새벽 4시 기상, 아침식사 준비,
아이들 학교에 보낸다.
8시 출근, 10시까지 회의,
10시부터 21시까지 예상고객 면담.

엄청난
활동력이다.

그녀는 말한다.

요즘 같은 불황기에도 극복할 수 있는 돌파구는 분명히 있다!

그러나 이렇게 열심히 해서 득 되는 것만 있을까?

경제적 여유, 사회적 지위 등을 얻겠지만

가정 소홀, 건강 악화, 정신적 피폐, 조로(早老) 등의 부작용도 만만치 않을 것이다.

일하라니까.

특히 건강을 잃으면 인생 전부를 잃는다는 얘기가 있다.

건강은 부자의 조건 중에 중요한 조건이다.

31

외지고 험한 곳에서
기회를 노려라

"내가 하는 일이 창피했던 적은 없다.
가족을 위한 일인데 무엇인들 못하겠는가."

— 노창윤(사채업) —

조선 말기

대규모 홍수 때문에 이재민이 많이 생겼다.

이때 이재민을 위해 5천 섬의 쌀을
내놓은 사람이 있었다.

1섬 → 10말(144kg)

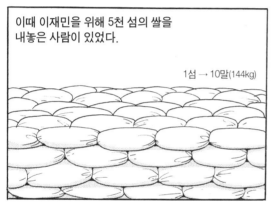

양반이 아닌
노비가.

노비가 어떻게 그런 일을 할 수 있었겠냐는 의문이
생기지만 관노 중에는 부자들이 꽤 있었다고 한다.

관가의 재물을 다루면서 이재를 익히고

자신이 모은 돈으로 돈놀이를 해서 큰 사채업자 행세를 했다.

급리가 5할이었다니 그 돈을 꾸어 쓰는 순간부터 깡통 차는 것이나 다름없다.

양반들을 상대로 돈놀이를 하다가 양반이 맡겨 놓은 족보를 꿰차는 경우도 있었다.

이 노비는 욕먹어 가면서 번 돈을 의미있는 데 크게 쓴 것이다.

사채업자 석 씨.

지방에서 고등학교를 간신히 마치고 상경한 석 씨는 명함을 내밀 만한 직업을 가져본 적이 없다.

석 씨의 경제철학.

저질러놓고 보자!

맨 처음 벌인 사업이 서울 변두리의 생맥주집이었다.

인수대금의 30%밖에 안 되는 돈으로 가게 빚을 떠안는 조건으로 넘겨받았다.

그런데 이게 웬일인가.
원금은 1천만 원이었는데
이자에 이자가 붙어
2천5백만 원이 되어 있었다.

밥보다
고추장이 많다!

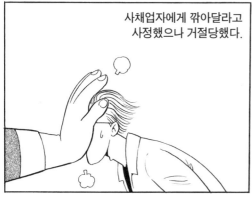

사채업자에게 깎아달라고
사정했으나 거절당했다.

다른
사채업자의
돈을 빌려
이자율이
낮은 사채로
바꿨다.

빚에서 헤어나자
부근의 스탠드바가
눈에 들어왔다.
또 일을 저질렀다.

StandBar
한떨기꽃

일단 저지르고 나면 빚을 갚으려고 기를 쓴다.

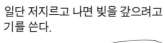

책임져!

열심히 살겠습니다.

'물장사'는 단골만 확보되면 많이 남는 장사니까 '물장사' 해서 번 돈이라고 물같이 돈을 쓰지만 않는다면 걱정할 것이 없습니다.

지금은 스탠드바를 치우고 고급 술집 두 곳을 경영하고 있다.

이것 역시 공식적인 자리에서 명함을 내놓을 만큼 당당한 직업이 아니지요.

사채업에 손을 댄 것은 물장사보다 덜 위험하기 때문이란다.

석 씨는 그의 말대로
제대로 명함을 내놓을 수
없는 일만 계속해 왔지만
모교 건물을 증축하는 데
1천만 원을 쾌척했다.

저의 다른 면을
보여주려고.

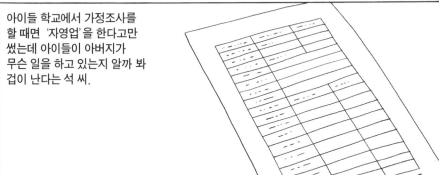

아이들 학교에서 가정조사를
할 때면 '자영업'을 한다고만
썼는데 아이들이 아버지가
무슨 일을 하고 있는지 알까 봐
겁이 난다는 석 씨.

그래도 후회는 없습니다.
가족을 위한 일인데
무슨 일인들 못하겠습니까!

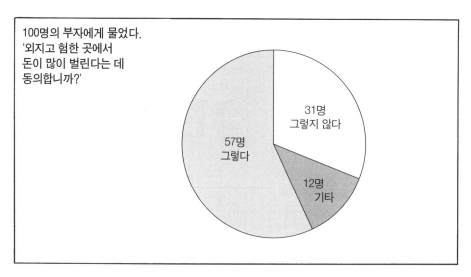

100명의 부자에게 물었다.
'외지고 험한 곳에서
돈이 많이 벌린다는 데
동의합니까?'

31명
그렇지 않다

57명
그렇다

12명
기타

동의하지 않는 31명은 대체로 의사, 변호사 등의 전문직, 전문 경영인이었다.

돈을 못 벌면
못 벌었지
추잡한 일은
하고 싶지 않다.

품위에 어긋나는
일을 해서는
안 된다.

고학력자일수록
체면을 신중하게
생각하는 편이다.

돈이면 못할
짓이 없는가?

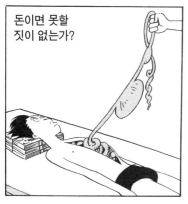

며칠 전 충격적인
프로를 봤다.

3년 사귄 애인과 약혼했으면서
콜걸로 일하고 있었던 여자.

약혼자는 이 사실을
모르고 있는데 이 프로에서
털어놓겠단다.

어때요?
젖가슴 한번
보여주고 500달러면
괜찮은 거죠.

약혼자도
이해할 겁니다.
생활비는 내가
벌고 있잖아요.

아무리 벌이가 없는 남자라도
이런 걸 이해할까?

밖에서 남자랑
섹스하고 집에서
나랑 또 섹스했단
말이야?

당신은
나랑 공짜로
섹스했는데 왜
그렇게 화를 내?

그 프로에 나왔던 또 다른 콜걸.

내가 이런 일 하고 있는 걸 엄마가 알고 가슴 아파했지만 계속 나를 사랑할 거예요.

여러분이 3개월 일해서 버는 돈을 나는 2주일이면 법니다.

부자랑 데이트도 하고 맛있는 것도 먹고… 엄마처럼 고생하며 살고 싶지 않아요.

약혼자   콜걸A   콜걸B   어머니   남자친구

그뿐인가 포주도 출연했다.

보호해 주고 일을 만들어 주고 받는 돈의 절반을 내가 챙기죠. 괜찮은 직업이에요.

이 친구는 출연자들과 4번이나 싸웠다.

단골 고객도 나왔다.

왜 콜걸을
상대하죠?

애인이랑 사귀면
신경쓸 일이
많고 귀찮지만
콜걸은 돈만 주면
언제든지 내 맘대로
할 수 있으니까
얼마나 편해요?

직업은
뭡니까?

...

옆에서 포주가
대신 얘기했는데 제대로
썼다간 큰일날 것
같아 쓸 수가 없다.

사회 통념상 이해할 수 없는
그들의 사고는 필자를
경악하게 했다.

수줍음 하나 없이 윗옷을 젖혀
젖가슴을 보이면서 TV에 출연하는
당당함에 벌어진 입이
다물어지지 않았다.

돈은 이미 인간을 지배하고 있었던 것이다.
무서운 현실이다.

80년대 후반까지만 해도 서민들의
첫째 목표는 모두 같았다.

셋방 살면서
이사 다니기
지겨우니까.

내 집 갖기

주인의 방
비워 달라는
소리가 더러워서.

전세금은 그대로
있지만 집값은
올라가니까.

그래서 가진 돈하고
작은 방 전세 끼고
은행 융자를 보태서
무리하게 집을 샀다.

그 다음에 오디오, 자동차 순으로
사게 된다.

필자도 결혼 이듬해에 18평 아파트를 내 집이라고
처음 샀다. 집사람은 큰아이 낳고 처갓집에 가 있는
중이라 친구 몇이랑 이삿짐을 날랐다.

무슨 책이
이렇게 많냐?

짐을 정리도 않은 채 천하가
내 것인 양 마루에 누워 있었는데
집사람이 갓난애를 안고 들어왔다.

아니!
몸조리를
해야 할
사람이!

좋고 궁금해서
견딜 수가
있어야지. 호호호.

요즘 100평 맨션 아파트를
샀다고 해도 그때 기분과
비교되지 않을 것이다.

그래서 아이들에게 가끔 교육시킨다.

그런 기분을 뺏지 않기
위해서 집값의 70%를
마련하면 우리가 30%는
보태 주겠다.

그런 기분
뺏어도
괜찮아요.

자동차도
마찬가지!
30%만
보조해 준다.

30% 미리
주세요.
할부계약금으로
쓸래요.

156

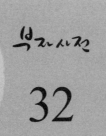

부자사전

32

일단 저질러놓고 본다

"능력대로 산다면 아무것도 못한다.
나는 일단 저질러놓고 본다."

― 석종호(사채업) ―

요즘은 셋집에 살면서도 집 살 생각 않고 오디오, 자동차부터 먼저 산다.

○○쪽에 나왔던…

집은 이용 개념이지 소유 개념이 아니라고 전번에 얘기했잖아.

자동차 마니아, 오디오 마니아가 많아서 돈이 많이 들어가니까 집을 살 여유가 쉽게 만들어지지 않는다.

집을 살 생각을 안 하고 있는 사람들도 많다.

아토스 자동차에 1천만 원 넘게 들여 튜닝을 하는가 하면, 지프에 2천만 원이 넘는 매킨토시 오디오를 장착하는 마니아도 있다.

오디오에 미쳐서
신문사를 퇴직한 기자는
지하실에 리스닝 룸을 만들고
최고급 오디오를 들여놓는 데
퇴직금을 몽땅 써버렸다.

집 사면
이런 기분 나냐?

그걸로 만족하지 않고 계속 업그레이드시킬
궁리만 한다.

앰프를 마크
레빈슨으로 바꾸면
끝내줄 텐데….

부자가 되겠다고
작정했으면 그 정도에서
끝내고 계획을
세워 보자.

자신의 수입에서 적금을 넣을 수 있는 한계는 어느 정도인가?

얼마를 모아 무엇에 투자할 것인가?

채권
증권
아파트
땅

목표액만큼 모아야 움직일 것인가? 그 목표액을 높일 가능성은 없는가?

계획이 세워지면 목표가 생기고 목표 쪽으로 생활이 바뀐다.

부자

나는 너 생각해서 얘기했는데 그런 식이라면 앞으로 국물도 없을 줄 알아!

에잉!

철컥

아, 이거 미안합니다. 막내놈이 도무지 말을 안 들어서….

막내놈은 전자공학 박사고 대기업에 연구원으로 있지요.

월급도 넉넉히 받으니까 특별 분양*하는 오피스텔에 투자하라고 그렇게 얘기했는데도 귀가 막혔는지 얘기를 안 듣네요.

*특별 분양 : 건설회사가 일부 물량을 한정된 사람을 대상으로 사전 분양하는 것. 말썽의 소지가 많다.

1억 원짜리 오피스텔을 사면 월세가 50만 원이 들어오니까 은행이자보다 낫잖아요.

막내동생은 지금 가진 돈이 2천만 원밖에 없으니 무리라고 말했단다.

계약금과 중도금만 내면 잔금은 보증금으로 해결할 수 있고

돈이 모자라면 은행에서 대출받아서 해결하고 대출금은 월급을 쪼개서 막으면서 2년 반만 고생하면 되는데 머리가 꽉 막혔어요.

박사학위 따봐야 그 방면에서 박사지 돈 버는 데는 고교 중퇴한 나보다 못해요.

구 씨의 막내동생은 대출금을 매달 갚아나가며 빠듯한 생활을 하는 것이 자신없는 것이다.

아버지가 일찍 돌아가셔서 어렸을 때부터 하나부터 열까지 내가 챙겨 줬더니 온실의 화초 꼴이에요.

구 씨는 서울 시내에 대형 주유소를 경영하고 있고 빌딩 하나, 상가 몇 채를 갖고 있다.

제가 가진 부동산 중에서 돈을 다 주고 산 것은 하나도 없어요.

망한 사람 빚 떠안기도 했고, 은행빚을 내기도 했지요.

돈을 다 모아서 산다면 두말할 것 없이 좋지요. 그런데 세상이 기다려 줍니까?

돈 모아서 달려가면 이미 팔리고 없어요.

돈이 부족하다고 미루면 기회는 없어집니다.

저축을 하면서도 끊임없이 주변을 기웃거려야 하는 이유가 여기에 있다.

무리를 해서 투자를 하고 나면 저축의 목표가 또 한 차례 상향 조정된다.

무리란 턱없는 무리가 아니고 상황과 수입을 잘 따진 뒤의 무리다.

저질러놓고 그것을 막는 과정은 고통스럽다.

부자가 되는 과정에 고통은 필수다!

33

코너에 몰렸을 때
더 분발한다

"쓰는 것이 너무 즐거운 습관이라서
모으는 즐거움을 발견하지 못할 뿐이다."

— 이광보(가구업) —

부자의 출발은 우리와 다르지 않다고 얘기했다.

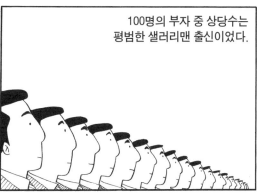

100명의 부자 중 상당수는 평범한 샐러리맨 출신이었다.

이들 역시 보통 사람들처럼 적금을 부어가며 돈을 모았다.

그런데 누구는 부자가 되고 누구는 여전히 부자가 아니다. 왜 그럴까?

부자가 아닌 박 씨의 경우

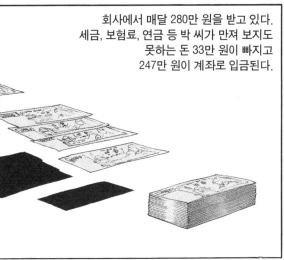

회사에서 매달 280만 원을 받고 있다. 세금, 보험료, 연금 등 박 씨가 만져 보지도 못하는 돈 33만 원이 빠지고 247만 원이 계좌로 입금된다.

월급　　247만 원
- 생활비　150만 원
- 남편용돈　30만 원
- 예비비　　30만 원

적금을 매달
37만 원씩 붓는다.

박 씨 부인은 죽을 지경이다.
딸과 아들 과외비, 유치원비 내면
100만 원도 안 남고 주위에
경조사가 많은 달은 더 어렵다.

포목점 및 임대업을 하는
설 씨를 보자.

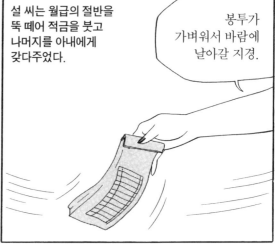

설 씨는 월급의 절반을
뚝 떼어 적금을 붓고
나머지를 아내에게
갖다주었다.

봉투가
가벼워서 바람에
날아갈 지경.

20년 전 설 씨의 급여 월 수령액은
48만 원이었다.

20년 전 포니 Ⅱ

20년 동안의 인플레이션을 계산해도 박 씨의
현재 월급 280만 원보다 나을 것이 없다.

월급의 절반인 140만 원을 떼고
140만 원으로 생활이 가능하겠는가?

그러나 설 씨는
해냈다.

시골서 고생한 경험이 있고
서울에서 객지 생활을 한 사람 중에는
시골의 부모에게 논밭을 사드리겠다는
의지를 갖는 사람이 많다.

아버지
제가 꼭…

설 씨도 마찬가지.

소작농인 부친에게
논 몇 마지기를 사드리기 위해
악착같이 돈을 모으던 중
부친이 타계했다.

그때 모은 돈 1500만 원으로 시장에서
포목장사를 했다.

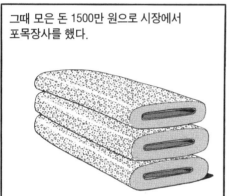

장사를 할 때도 수입의 절반을
계속 저축했다.

이번 목표는 논이 아니라
시장 입구의 3층짜리
건물이었다.

영신약국
병·의원 처방조제
약

횟집
회
Cafe

고희장 횟집
은선 마트

길수 과자점
직접구운쿠키

희경 슈퍼

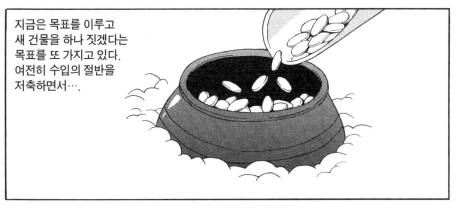

지금은 목표를 이루고
새 건물을 하나 짓겠다는
목표를 또 가지고 있다.
여전히 수입의 절반을
저축하면서….

당시에는 돈 쓸 일이
요즘처럼 많지 않아서
저축을 쉽게 할 수
있었습니다.

골프, 스키, MTB,
여행을 안 한다고
흠 잡히는 시대가
아니었어요.

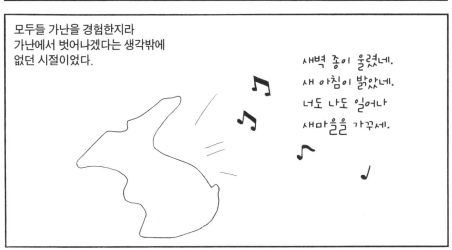

모두들 가난을 경험한지라
가난에서 벗어나겠다는 생각밖에
없던 시절이었다.

새벽 종이 울렸네.
새 아침이 밝았네.
너도 나도 일어나
새마을을 가꾸세.

막연한 저축은 불필요한
소비로 이어지기 쉽다.

차를 바꿀까?

곧 스키 시즌인데
스노보드를?

해외 여행을?

많지 않은 돈 벌면서
할 것 다 하면 언제
부자가 되겠는가?

다음달에 또
월급 나오는데
뭐가 걱정이야?

평생 별 탈 없이
월급이 나온다면
큰 문제 될 것 없다.

스키장

그렇지 않을 때를
대비해서 현 단계를
뛰어넘는
계획과 참을성이
필요하다.

항해하기 전 지도를 살펴보면서 계획을 짜는 건 중요하다.

항해하기 전 선장들은 배의 안전 여부를 최우선 점검한다.

낡은 곳이 없는가?
물이 새는 곳은 없는가?
여분으로 준비해야 할 물건은 무엇인가?
음식과 식수는 충분한가?

지금 우리는 부자로 가는 항해를 준비 중이다.

낡은 것 있어요.
차를 바꿔야 합니다!

굴러는 갑니까?

그럼요.

그러면
계속 타라.

!

멀쩡한 차를
바꾸겠다는
정신상태가 부자로
가는 항해선상에
있는 암초다.

현재 살고 있는 집이 불편하지
않은데 남의 이목 때문에
무리하게 옮길 계획이 있다면
계획을 수정하라.

돈을 활용해야지
집에다 묻어버리면
안 된다.

불필요한 술자리가
많다면 대폭 줄여라.

용돈을 제일 많이
축내는 것이 술이다.

해외 여행 하겠다고
개인이, 혹은
친구들과 함께
모으는 돈이
있다면 포기해라.

해외 여행은 부자가 되고 난 뒤
얼마든지 할 수 있다.

별의별 학원을 다 다니는 아이들이 많다.
자녀들은 슈퍼맨이 아니다.
결정적인 것 한 가지만 학원에서
배우게 하고 나머지 시간은 친구들과
뛰어놀게 두는 것이 건강에도 좋고
사회성도 좋아진다.

가지고 있는 물건보다
신형이 나왔다고
바꾸지 말자.

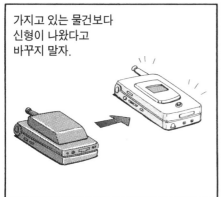

똑같은 기능인데
유명 메이커만
선호한다면
이것도 문제다.

영국에서
가족들과 함께
사는 분의 글을
본 적이 있다.

아이가 한국에서 살 때처럼
책가방용 배낭을 유명 제품으로
바꿔달래서 사줬단다.

학교에 다녀온 아이가 어제 산 배낭을
싼 걸로 다시 바꿔달랬다.

왜?

영국 애들이
놀렸어.

쓸데없는 데
돈을 쓰는
멍청이라고.

외식을 삼가라.

부자는 아니지만 필자의 경험 한 마디.

신혼 초엔 밥상을 놓고 식사를 했다.

그때는 부엌들이 밥상에서 식탁으로 바뀌는 시점이었거든.

여윳돈이 약간 생겨서 가구점엘 갔다.

식탁을 들여놓고 싶었어요.

석균

싸고 튼튼한 걸 고르기 위해서 추운 겨울 밤 큰애를 업고 한참을 돌아다녔다.

식탁을 산다는 흥분에 추운 줄도 몰랐어요.

제일 가구   명성 가구   으뜸 가구   세일 가구

그러다가 배고픔을 느끼면서 갈빗집 앞에서
발걸음을 멈췄다.

우리는 갈빗집
문 앞에서 한참을
망설이다가
돌아섰다.

갈비
사다가 집에서
해먹으면 훨씬
싸잖아.

소갈비는 요즘도 비싸다.

한번은 시골서
어머니가 오셨다.

잘 있었나?

식당엘 모시고 갔더니
젓가락질을 안 하신다.

어머니,
잡숴요.

너무 비싸서 목구멍에
넘어가질 않는다.

당신은 시장에서 사다가 음식을 해 잡수셨기 때문에 비싼 서울 음식값에 눈이 휘둥그레진 것이다.

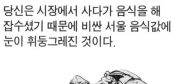

먹는 즐거움도 크지만 부자가 된 뒤로 미뤄라.

꿀꺽

주방장,
웬 돼지를 이렇게 많이 실었나?

제가 돼지고기를 좋아해서요.

한 마리로 줄여!

꿱

꿀꿀

이렇게 땜질하고 배의 무게를 줄이고 중간에 들를 항구를 표시하고 항해를 시작해야 한다.

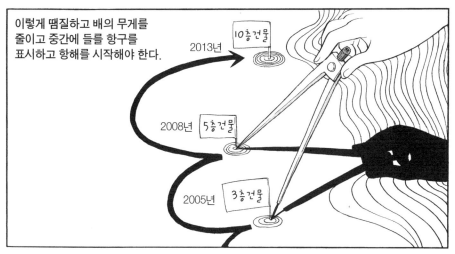

2013년 10층건물

2008년 5층건물

2005년 3층건물

준비가 부족하면
'부자로 가는 길' 호는
표류한다.
주위에 바글거리는
사람들 중에서도
도와줄 사람이 없는데
망망대해에서 누구의
손길을 기대하겠는가?

부자들은 말한다. '자신들의 밑천 1순위는 적금이었다.
이것을 종자돈 삼아 재산을 키워 나갔다.'

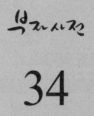

34

대박은 절대
기대하지 않는다

"운동이나 공부나 기본이 중요하다.
기본이 안 되면 실력이 늘지 않는다. 돈도 그렇다."

— 손익래(무역업) —

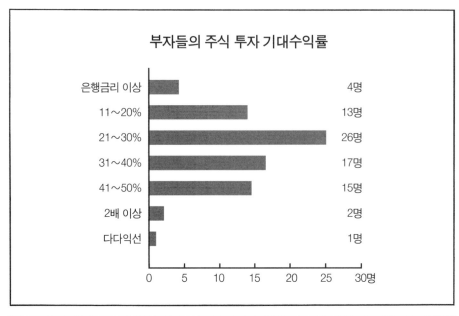

부자들의 주식 투자 기대수익률

은행금리 이상	4명
11~20%	13명
21~30%	26명
31~40%	17명
41~50%	15명
2배 이상	2명
다다익선	1명

부자들 중 주식으로 '떼돈'을
벌었다는 사람은 극소수다.

주식 투자만으로
부자가 될 가능성은
희박하다.

열에 아홉은 크게 깨진 뒤로
주식은 쳐다보지도
않는다고 했다.

3명은 아예
주식에
투자해본
일이
없다고
했다.

주식?
그런 걸 왜
하나요?

표에서 보듯 대개의 부자들은 주식 투자 기대수익률을 21~30%라고 했다.

그 중에는 벤처 기업에 투자했다가 주가가 폭등해 큰돈을 벌었던 부자도 있다.

나도 21~30%.

왜요?

내가 벤처 열풍에 편승해 돈을 벌었을 때는 정상적인 시기라고 볼 수 없어요.

앞으로 그런 때는 다시 오지 않습니다. 그러니 30% 이상을 기대하지 않아요.

흔히들 말한다.

따블에 따따블은 되어야 주식 투자 할 맛이 나지!

이런 사람은 벤처 열풍의 꿈을 아직도 버리지 못하는 사람이다.

화투판에서 밤새 장땡 잡고 판을 휘둘렀는데도
판 접을 때 계산해 보면 숨은 듯 가끔 먹은 사람이
훨씬 많이 딴 것을 볼 수 있다.

한두 번에 끝을 내겠다고
달려들면서 작은 판은 무시하고
계산에 넣지 않았던 것이다.

야구 경기를 보자. 전부 홈런 타자만
있는 것이 아니다. 중장거리 타자도 있고,
발빠른 선수도 있다.

안타를 많이 쳐서
타율이 높은 타자가
좋은 타자가 아니다.

주자가 나가 있을 때 한 방 때려 주는 것이
제일 좋은 타자다.

그래서 필자가
제일 좋아하는 타자는
득점 기회 때
등장해서 한 방
때려 주는
대타자다.

호쾌하게 따블 따따블 노릴 때
부자들은 이삭을 주워 모으듯
그늘에서 재산을 불린다.

크하하하.
삼진도 멋있게
먹는다!

팡

연봉
15% 인하!

홈런을
29개나
쳤는데요?

따따블 한 번 먹는 동안
작은 구멍으로 새는 돈도
계산에 넣어야 한다.

어느 부자가 주식 투자를 '조금 한다'는
수준이 '10억'이었다.

10억의 30%면 3억이다.
적지 않은 돈이다.

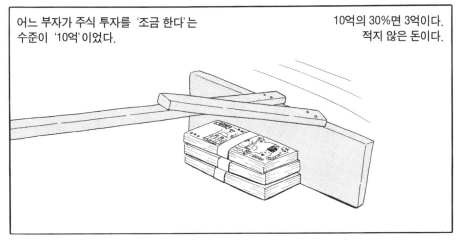

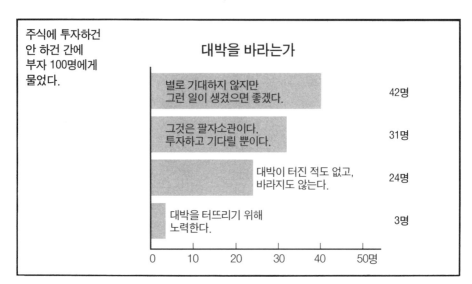

대박을 바라는가

주식에 투자하건 안 하건 간에 부자 100명에게 물었다.

별로 기대하지 않지만 그런 일이 생겼으면 좋겠다.	42명
그것은 팔자소관이다. 투자하고 기다릴 뿐이다.	31명
대박이 터진 적도 없고, 바라지도 않는다.	24명
대박을 터뜨리기 위해 노력한다.	3명

돈을 많이 번 다음 주식에 손 댄 사람도 있지만 샐러리맨 시절부터 주식 투자로 알차게 벌어들인 사람도 있다.

우 씨의 주식 투자 기대목표는 30%다.

우 씨는 1980년대 초반 대기업에 근무하던 중 주식 투자에 실패, 빚을 지고 사표를 냈다.

집을 팔아 부채를
갚고 부모 형제 집을
전전하다 사업을
시작했다.
주위 돈을 긁어모아
중장비를 한 대
장만한 것이다.

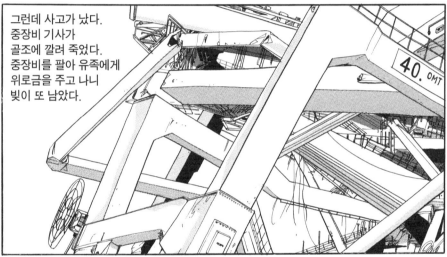

그런데 사고가 났다.
중장비 기사가
골조에 깔려 죽었다.
중장비를 팔아 유족에게
위로금을 주고 나니
빚이 또 남았다.

그래서 다시 대기업에
입사했다.

거기에서 우 씨는
기회를 만난다.

다니던 회사가 참 좋은 회사인데 주가가 영 안 오르는 겁니다.

경쟁사 주가의 반 토막도 안 된다는 것이 이해하기 힘들었어요.

장인어른을 찾아갔다.

땅을 팔아서 돈을 빌려 주시면 두 배로 넓은 땅을 사게 해드리겠습니다.

술에 넘어가지 말아요.

그 돈으로 주식을 사서 1년도 안 돼 빚을 다 갚고 전세돈도 마련했다.

펑

오래전 얘기다. 요즘은 회사와 관계 있는 사람이 그 회사 주식을 거래하면 '내부자 거래 규정'에 따라 처벌받을 수 있다.

그 뒤 1988년과 1989년 증시 호황이 왔다. 그때는 여의도 증권가의 개도 10만 원권 자기앞 수표를 물고 다닌다는 말이 있을 정도였다.

우 씨는 이미 주식 투자에 수업료를 지불했기 때문에 원칙이 있었다.

욕심이 화를 부른다. 30%면 많이 버는 것이다!

고스톱 얘기가 또 나온다. 주식 투자는 고스톱과 비슷한 점이 많다.

기본 점수를 내는 데 애쓰고 상대편에게 대세가 기울어졌으면 바가지를 쓰지 않는 작전으로 나가야 합니다.

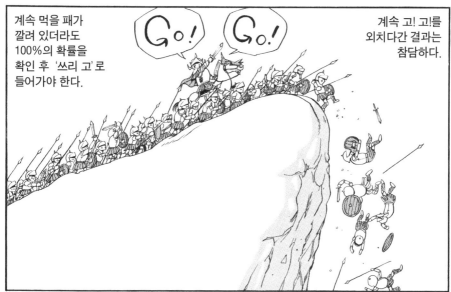

계속 먹을 패가 깔려 있더라도 100%의 확률을 확인 후 '쓰리 고'로 들어가야 한다.

계속 고! 고!를 외치다간 결과는 참담하다.

부자사전

35

뉴스에
모든 정보가 있다

"하늘에서 뚝 떨어진 새로운 것은 거의 없다.
그래서 세상사를 두루 보는 안목이 중요하다."

― 최수용(대기업 임원) ―

'소문에 사고 뉴스에 팔아라'

주식 투자를 해본 사람이면 수없이 들었을 얘기다.

오줌을 화장실에서 쌌다고 과자 조르는 처칠

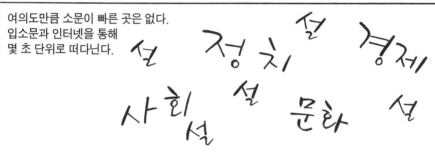

여의도만큼 소문이 빠른 곳은 없다.
입소문과 인터넷을 통해
몇 초 단위로 떠다닌다.

설   정치 설 경제
사회설 설 문화   설

뉴스에 발표된 뒤
들어가면 거의 끝물이다.

정보 입수에 빠른
투자자들이 먼저
왔다간 것이다.

개미 투자자들의
'소문에 사서 뉴스에 팔아라'의
'소문'은 이미 싱싱한 때를 지나
쉰 냄새 나는 '소문'이기 쉽다.
이미 늦은 것이다.

주식 투자로 재미를 본
부자는 말한다.

정보가 늦은
것이 아니고
투자자의 식견이
잘못되어 있어요.

주식에는 두 가지
종목이 있습니다.

루머에 민감한 종목,
루머에 관계없는 종목.

주식으로 돈을 벌려면 루머에 민감한 종목에서 관심을 끊는 것이 그 시작입니다.

루머에 민감한 종목은 '세력의 입김을 타는 종목'이다.

작전 세력이 주가가 오르기 전에 미리 매집을 해놓고 루머를 흘리는데 그 뒤에 들어가봐야 결과는 뻔하다.

그러면 어떻게 해야 하나요?

뉴스를 보세요. 뉴스에 모든 투자 정보가 있어요.

투자자들이 뉴스를 제대로 해석하지 못해서 투자할 곳을 제대로 못 찾는 겁니다.

예를 들면?

삼성전자 주가는 주식시장의 최우선 관심사 아닙니까?

현재 삼성전자가 약세를 보이고 있다고 합시다.

어느 날 경제신문 귀퉁이나 인터넷 뉴스 매체에 외신이 하나 뜹니다.

'하반기 DDR D램 공급 부족 예상'

이런 해외 뉴스는 국내 뉴스에 비해 작게 취급되니까 꼼꼼히 보지 않으면 놓치기 쉬워요.

공급이 부족하면 값이 오르잖아요. 삼성전자는 DDR D램 1위 공급업체니까 주가가 오를 것 아닙니까? 사는 거죠.

그 정도는 누구나 아는 것 아닙니까?

그게 아니고 뉴스를 잘 해석해야 된다는 얘기라고요.

시장 상황과 종목의 가격 변동, 뉴스도 중요하지만 분석 기사와 관심 종목 주변 연관 분야에도 관심을 둬야 한다.

모든 뉴스에는 시그널이 있다. 그 이면을 해석할 줄 아는 안목을 길러야 한다.

저는 경제신문을 볼 때 처음부터 끝까지 한 자도 빼놓지 않고 정독합니다.

하루 수백 건이 넘는 인터넷 뉴스를 모두 체크합니다.

시간이 없을 때는 밤늦게라도 컴퓨터를 켜고 뉴스를 보고 메모합니다.

처음엔 더디지만 서서히 뉴스를 분석하는 안목이 커집니다.

그 안목이 제대로 된 투자를 유도하는 핵심이지요.

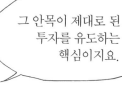

주식 투자에
큰돈을 날린 뒤에
'도'가 튼 것입니다!
하하하하!

하지만
주식시장에
영원한
승자는 없다.

성공한 주식 투자자는
실패할 확률보다
성공 확률이 높을 뿐이다!

권투 선수는 '패'가 없어야 훌륭한 선수로
인정받지만 증권 투자자의 전적은
'패'보다 '승'이 많으면
인정받는다.

우~
우~

와!
와!

58전 32승
26패.

37전 22승
15패.

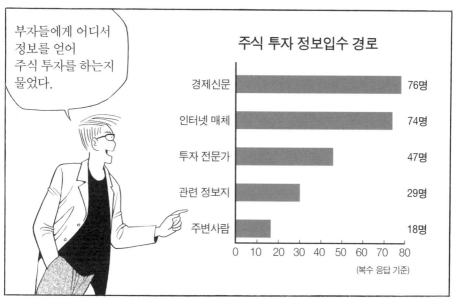

부자들에게 어디서 정보를 얻어 주식 투자를 하는지 물었다.

주식 투자 정보입수 경로

경제신문	76명
인터넷 매체	74명
투자 전문가	47명
관련 정보지	29명
주변사람	18명

(복수 응답 기준)

앞서 얘기한 대로 신문과 인터넷 매체가 단연 우세다.

업무에 쫓기는 사람이 주식 투자에 매달리게 되면 업무와 주식 투자 둘 중 하나는 잃게 된다.

둘 다 잃을 수도 있다.

신문을 정독해야 하고

인터넷에 매달려야 한다.

잠자자!

부자들은 독서량도 상당했다.

1년에 5권~10권	43명
10권~30권	21명
30권 이상	7명

보는 책은 주로 경제경영과
주식 투자 관련 책이었다.

독서하는 시간까지
뺏겨야 하니 업무에
소홀하기 쉽다.
투자액의 손실 위험과
함께 지금의 위치도
깨질 위험이 높다.
주의해야 한다.

이래서 부자로
가는 길은 어렵다.

그러면 이렇게 해서
번 돈을 부자들은
어떻게 관리할까?

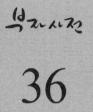

36

안 쓰는 것이
부자 되는 출발점이다

"돈을 모으는 것도 그렇지만 지키는 것도 힘들다.
모을 때의 습관을 잊지 않아야 돈이 도망가지 않는다."

— 노기영(건설자재업) —

모든 부자가 전부 짠돌이는 아니다.

그러나 대개의 부자들은 짠돌이다.

TV 홈쇼핑의 매출이
백화점 매출을
앞섰다고 한다.

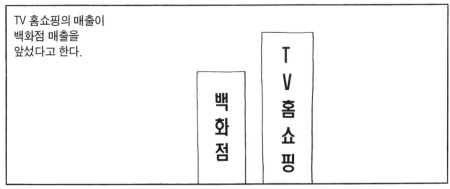

밖에 나가서 일일이
확인하지 않고 집안에서
전화 한 통으로 물건을
구입할 수 있다는 점이
큰 호응을 얻고 있는 것이다.

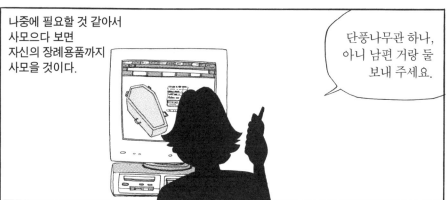

홈쇼핑 사업이
시작될 때 모두들
이렇게 생각했다.

TV로 물건을 팔아요?
잘 안 될걸요.
인간은 물건을 살 때
시각과 촉각을
만족시켜야 하는데
TV에서는 촉각을
느낄 수 없잖습니까.

그런데 예상은 뒤집혔다.
전화 다이얼을 누르는 촉각이 물건을
만지는 촉각보다 위인 것 같다.

이걸 만져야지!

그러나 부자들은 TV 홈쇼핑을
통해 물건을 구입하지 않는다.
왜 그럴까?

...

사세요 사요.
좋은 것 있어요.
끝내 줍니다.

200

취재 중인 최 부자와 전자 상가에 간 적이 있다.

상가가 문 닫기 전에 살 것이 있어요.

그의 차는 렉서스. 독일의 벤츠에 맞서겠다고 일본의 도요타에서 만든 최고급 차다.

여기저기 물어보더니 가장 구석진 매장으로 갔다.

CAMERA

카메라 액세서리를 몇 가지 사면서 덤을 챙긴다.

서비스 하나 줘!

여기가 총판인데 다른 데보다 아무래도 싸더라고요. 여기서 2천 원짜리가 다른 데서는 5천 원 하기도 해요.

회장님은 부자인데
몇천 원 가지고
그러십니까?

싸게 살 수 있는데
왜 비싸게 사요?

홈쇼핑을 이용하면
이렇게 나오지
않으셔도 되잖습니까?

모르는
말씀.

홈쇼핑이 싼 것 같지만
발품을 팔면 그보다 더 싸게
살 수 있어요.

액수 차이가 큰 물건이라면
모르지만, 차액이 많지 않은데 고급차에다
휘발유 써가면서 시간 낭비하는 것은
계산에 넣지 않나요?

난 시간이 많이 있어요.
이건 일종의 취미 활동입니다.
드라이브도 하고 쇼핑도 하고….

중요한 것은 홈쇼핑에 익숙해지면 당장 필요하지 않은 물건인데도 산다니까요.

필자의 집에도 뜯지도 않고 써보지도 않은 홈쇼핑 물건들이 몇 개 쌓여 있다.

이건 낭비다! 못된 습관이다!

아내가 홈쇼핑에서 가전제품을 사는 바람에 싸운 적이 있어요.

집안에 경고를 내렸습니다. "홈쇼핑에서 물건 사면 그냥 안 두겠다."

아예 홈쇼핑을 못 보게 케이블을 잘라버렸어요.

부자들은 홈쇼핑을 싫어한다.

TV 홈쇼핑은 화면이
빨리 바뀌고 소비를 부추기기
때문에 꼼꼼히 따지지 않고
엉겁결에 전화 다이얼을
누르는 경우가 많다.

안마기 제품이
나오면 안 아프던
곳도 결리는 것
같아요.

필요한 걸 적어 놨다가 물건을 사는 것이 아니고
널려 있는 물건 중에 필요한 걸
고르는 것인데 그 차이는
엄청나다.

부자 진 씨는 '반주가 습관'이라며
단골 식당엘 갔다.

식당은
겉보다 맛이
중요하지요.

여기 제육볶음은
별미예요.

진 씨는 소주회사에서 판촉용으로 식당에 무상 공급하는 술을 두 병 시켜 마셨다.

진 씨는 물건을 살 때 세 번을 생각한다.

필자는 만화 원고 몇 쪽 분량의 금액인가 생각한다.

본인의 소비태도에
대해 가족들은
어떻게 평가하는가?

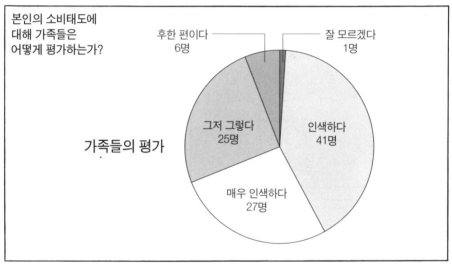

후한 편이다
6명

잘 모르겠다
1명

그저 그렇다
25명

인색하다
41명

매우 인색하다
27명

가족들의 평가

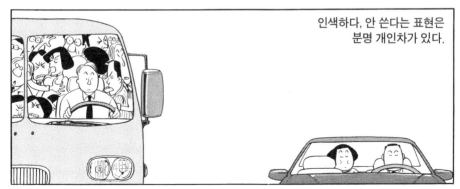

인색하다, 안 쓴다는 표현은
분명 개인차가 있다.

없어서는 안 될 물건을 싸게 산다든지
안 산다든지 하는 안부자들과

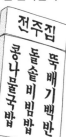

취미생활을 위해 카메라 액세서리를
싸게 사는 부자들의 소비형태는 다르다.

돈을 아끼는
이유를 물었다.

돈을 아끼는 이유는?

항상 아껴쓰는 자세가 필요하기 때문	31명
돈을 버는 것이 힘들어서	12명
돈은 절약해야만 모을 수 있기 때문	11명
아이들 교육상 아끼는 자세가 필요해서	7명
돈이 항상 모자라기 때문	7명

돈을 안 쓰는
것이 부자의
출발점이다.

그러잖아도 소비가
꽁꽁 얼어붙어 힘든데
당신까지!

대통령

필리핀의 마르코스가 실각 때 이멜다 여사의 신발장엔 수백 켤레의 신발이 있었다.

집안에 안 보이던 구두, 핸드백이 보이면 신경쓰인다.

당신 이멜다야?

당신 기억력이 나쁘군. 이거 있던 거야.

이건?

남대문 가서 3만 원짜리 옷도 못 사냐?

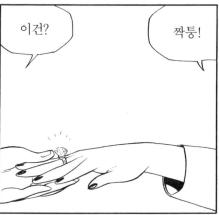

이건?

짝퉁!

더 따지면 언성만 높아진다. 그냥 넘어가지만 속이 편치 않다.

어휴, 쫀쫀하게….

208

부자들의 수입은
일정하다.

이들이 여전히 부자인 것은
지출을 엄격하게 통제하기
때문이다.

지출을 관리하는 것은 부자들의
중요한 습관이다.

부자사전

37

부자의 사전에
과소비는 없다

"나는 능력 범위에서 쓰는데
왜 과소비라고 하는지 모르겠다."

─ 지형선(임대업) ─

TV 드라마나 뉴스에 나오는 것처럼
부자들은 과연 외제차나 사치품을
마구 사들일까?

부자들의
과소비가 나라를
흔들고 있습니다.

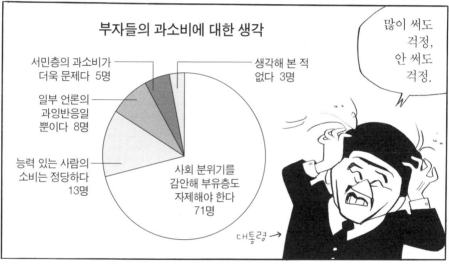

부자들의 과소비에 대한 생각

많이 써도
걱정,
안 써도
걱정.

서민층의 과소비가
더욱 문제다 5명

생각해 본 적
없다 3명

일부 언론의
과잉반응일
뿐이다 8명

능력 있는 사람의
소비는 정당하다
13명

사회 분위기를
감안해 부유층도
자제해야 한다
71명

대통령 →

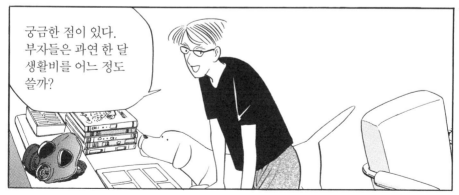

궁금한 점이 있다.
부자들은 과연 한 달
생활비를 어느 정도
쓸까?

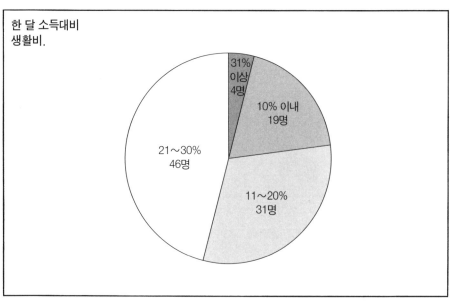

한 달 소득대비
생활비.

31%
이상
4명

10% 이내
19명

21〜30%
46명

11〜20%
31명

퍼센티지(%)가
낮을수록
고소득자들이다.

10억의
10%는 1억!

깽

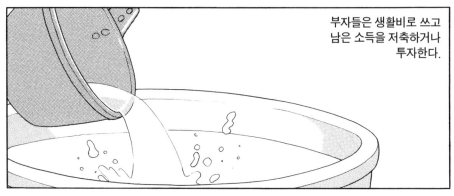

부자들은 생활비로 쓰고
남은 소득을 저축하거나
투자한다.

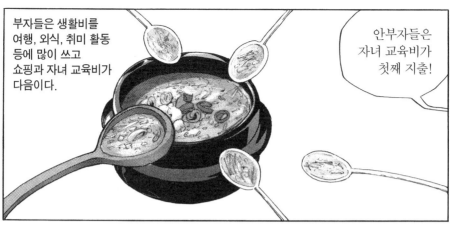

부자들은 생활비를
여행, 외식, 취미 활동
등에 많이 쓰고
쇼핑과 자녀 교육비가
다음이다.

안부자들은
자녀 교육비가
첫째 지출!

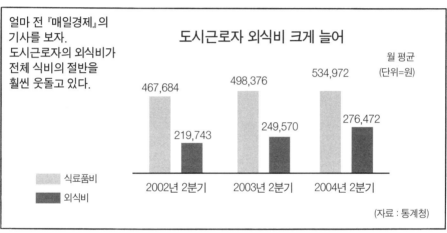

얼마 전 『매일경제』의
기사를 보자.
도시근로자의 외식비가
전체 식비의 절반을
훨씬 웃돌고 있다.

도시근로자 외식비 크게 늘어

월 평균
(단위=원)

467,684   498,376   534,972

219,743   249,570   276,472

식료품비
외식비

2002년 2분기   2003년 2분기   2004년 2분기

(자료 : 통계청)

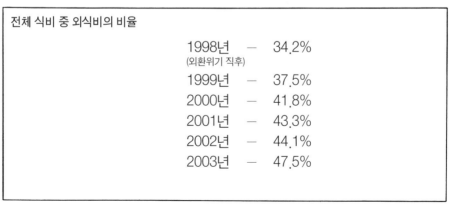

전체 식비 중 외식비의 비율

1998년 (외환위기 직후)	— 34.2%
1999년	— 37.5%
2000년	— 41.8%
2001년	— 43.3%
2002년	— 44.1%
2003년	— 47.5%

외식비는 가족과 함께하는 식사 비용뿐 아니라 친구나 직장동료들과 어울릴 때 쓰는 술값, 식대도 포함되어 있다.

경기 침체로 소비가 위축되었는데도 외식비가 늘어난 것은 주 5일제의 여파인 것이다.

외환 위기 때 삼겹살과 소주가 많이 팔렸다고 한다.

삼겹살 전문

부자들은 미주 여행할 것을 동남아 여행으로 줄이지만 안부자들은 부자가 될 때까지 안 먹고 안 마시고 안 해야 한다.

이것도 안 하냐!

추운 계절에 피부가 까맣게
그을려 있는 사람은 부자다.

난 아니야!

부티난다.

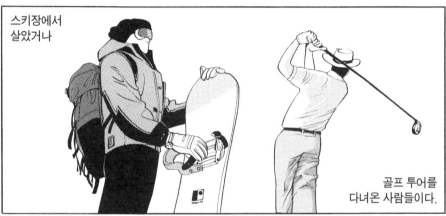

스키장에서
살았거나

골프 투어를
다녀온 사람들이다.

부자 윤 씨는 겨울에 뉴질랜드로
골프를 치러 다녀왔다.

매 분기별로
친구들과 부부동반
해외 여행을 하죠.

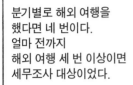분기별로 해외 여행을
했다면 네 번이다.
얼마 전까지
해외 여행 세 번 이상이면
세무조사 대상이었다.

뉴질랜드면 멀어서
비행기 값이 많이
들 텐데요?

동남아야 하도 많이 다녀서
싫증이 나니까 좀 멀더라도
좋다는 데 한번 가본 겁니다.

알뜰하게
다녀오면 본전을
뽑을 수 있어요.

한국에서 1주일 동안 부부가
골프를 친다면 골프장 입장료,
캐디비, 식음료비를 합치면
1일 50만 원 드니까 350만 원 아닙니까?

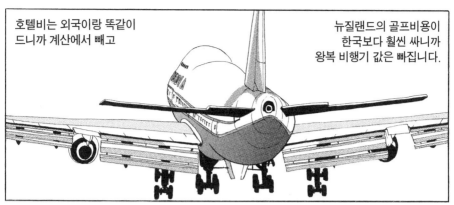

호텔비는 외국이랑 똑같이 드니까 계산에서 빼고

뉴질랜드의 골프비용이 한국보다 훨씬 싸니까 왕복 비행기 값은 빠집니다.

거기에 보너스가 하나!

여행을 떠나기 전에 국내 면세점에서 쇼핑을 한다.

여행을 면세점 바겐세일 기간에 맞춥니다.

명품으로 불리는 고급제품을 싸게 사서 맡겨 놨다가 여행이 끝나고 귀국할 때 가지고 들어온다.

이렇게 계산하면 해외 골프여행이 오히려 싸다니까요.

명품은 질리지 않고
오래 쓸 수 있고
견고하니까 비싼 값을
하고도 남아요.

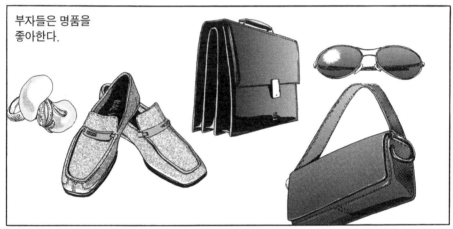

부자들은 명품을
좋아한다.

싸구려 인생이 싫어서 돈을 열심히
모았는데 써보지도 못하고
죽는다면 너무
억울하잖아요.

아버지,
좀 남겨 놓고
쓰셔야죠!

엄마!

부자들의 소비 잣대는 세 가지.
첫째, 필요 없는 물건은
사지 않는다. 대개
필요 없는 물건이다.

손님이 올 때를
생각해서 숟가락,
나이프, 포크 50세트.

아예 급식소를
차리시지!

둘째, 필요한 물건이라면 싸게 산다.
한 푼이라도 깎는다.

아줌마,
콩나물 좀 더 줘!

반지가
아깝다.

셋째, 품위 있게 생활하기 위해서
값비싼 물건을 적당한 범위 안에서
구입한다.

100평 아파트 응접실에는
페르시안 카펫 정도는
까셔야죠.

Good!

대부분 돈으로 메울 수 있지만
돈으로 안 되는 것도 있다.

이것 먹고
가라, 가!

부잣집
가정교사를
했던 홍 씨.

세상에… 그렇게
버릇없는 애들은
첨 봤어요.

선생님, 의자 갖고
와 앉으세요.

…

조금 기다리세요.
오락 마저 끝내고요.

…

뽕뽕

싸울 때는 조그만
아이들이 웬 욕을
그렇게 하는지….

야,
이 XX야.

뭐 어째,
XXX야!

이 XX들아,
왜 싸우고 XXX이냐!

아버지

부자들이나 안부자들이나 자녀들의 예절교육에는 투자를 많이 해야 한다.

시골에서 자란 사람이 결혼해서 수백억대 부자가 되었다.

남편은 중국에서 사업해 대성공 했고, 아이들은 유학까지 보내 잘 키워 놨지만 대학을 다니지 못한 자신이 초라할 때가 한두 번이 아니었다.

가까운 친구들에게도 다짐해 놨지만 마음이 놓이지 않는다.

누가 내 얘기 하면 ○○대학 나왔다고 얘기해라. 알았지?

저녁이나 맛있는 걸로 사.

그러다 시골 고등학교 동창회에서 난리가 났다.

한 씨 자녀를 결혼시키는데 자신의 학력이 들통날까 봐 동창들은 한 사람도 초청하지 않았던 것이다.

돈으로 모든 걸 덮을 수는 없다.

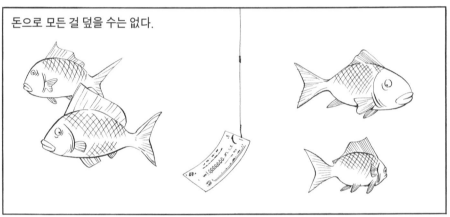

돈은 많지만 인격이 빈한한 부자가 많다.

마이바흐
7억 2천만 원

부자의 운전기사로
일했던 나 씨.

예전에 나왔던 고급차는
조수석의 등받이가
열리게 디자인된
것이 있다.

뒤에 앉은
사장님의
발을 뻗을 수 있게
배려한 것이다.

운전자로서는
별로 유쾌할 리
없는 데다

사장님은
발로 방향을
지시하고
있었다.

우로!

좌로!

고속도로에서였는데
그 부자는 어떻게 돌아갔는지
알 길 없지만 고생이 이만저만
아니었을 것이다.

돈이 많은 것도 부자지만 덕이 많다면
더욱더 부자가 아닐까!

남들이 구하기 힘든
값비싼 물건을 살 때
돈 쓰는 재미가 쏠쏠하고
이럴 때마다 내 자신이
넉넉하다는 생각이 들어
뿌듯합니다.

이렇게 얘기하는 부자는
돈이 많지 않더라도
돈을 잘 쓰는 타입이다.

가족과 함께 백화점에 가본 적이 언제인지 기억도 나지 않아요.

저도 고급 시계를 차고 외제 차를 타고 싶지요. 그렇게 되면 아내한테도 사줘야 하고 애들한테도 돈을 써야 합니다.

내 자신이 아직 그럴 수준은 아닌 것 같습니다. 나중에 더 많이 벌면 생각해 보죠.

이런 부자는 나중에 더 부자가 돼도 돈을 쓰지 못한다.

두 부자 모두 자신이 검소하다고 말한다.

검소라는 단어는 나한테나 어울리는 말이야.

과소비란 분수에 넘치는 소비를 말하는 건데 내가 왜?

당신은 째째야.

부자 71명이
사회 분위기를 생각해서
부유층도 소비를 자제해야
한다고 말했다.

71명 중에는 수입명품으로
머리끝에서 발끝까지 치장한
부자도 몇 있다.

사무실을
고가품으로
호화롭게 꾸며 놓은
부자도 있었다.

과소비는 경제에
해롭습니다.
자제해야죠.

지금 사장님은 과소비하고 계시는 것 아닙니까?

모르는 말씀! 그건 서민들의 시각입니다.

부자들 중에는 금으로 만든 수도꼭지를 사용하는 사람들도 있어요. 나 정도면 검소한 겁니다.

안부자들은 부자가 되기를 원한다.
부자들 역시 자기보다 더 잘사는 부자들만 눈에 보인다.
그래서 스스로의 부에 만족하지 못한다.

서민들이 보기에는 호사스런 생활이지만 정작 본인들은 그렇게 느끼지 못한다.

너도 한 대, 나도 한 대.

TV 뉴스의 과소비는 다른 사람들 얘기로 치부한다.

과소비 증가

우리는 분수껏 살지 호화사치 생활은 하지 않아요.

저것 보세요. 가족들이 백화점 쇼핑 갔다 오는데 많이 사지 않잖아요.

능력 없는 사람이 허풍떨며 돈 쓰는 것이 진짜 과소비입니다.

월세 살면서 고급 승용차 타고 다니는 사람들 많잖아요.

철거될 달동네에 가보면 중형차가 많이 있어요.

그 사람들이 과소비하는 거라니까요.

부자들의 말을 빌리지 않더라도 실제로 우리 주변에 과소비는 널려 있다.

자동차 보험료도 내지 못하면서 중대형 승용차를 타고 다니는 사람,

돈이 생겼다 싶으면 고급 음식점에서 외식을 하는 사람,

내일 일은 내일 걱정하자!

낭비하고 신용카드 회사나 이동통신 회사에서 연체료를 독촉당하는 사람,

골프 비용이 부담스러우면서도 골프채를 놓지 못하는 사람,

체면 때문에 무리하게 사립학교 보내는 사람 등등

라라초등학교

자동차가 후져서 학교 앞까지 갈 수 없다. 혼자 가라.

부자들의 과소비에 대한 평가에 서민들은 이렇게 항변할 수 있다.

최소한의 소비인데 어떻게 과소비라고 할 수 있어요?

분수에 맞게 소비해야 과소비가 아니라면 밥 세 끼 먹을 형편 못 되는 사람이 밥 세 끼 먹으면 과소비입니까? 한 끼로 줄여야 합니까?

『부자사전』에서는 빈곤층이 아닌 사람 중에서 부자가 되고 싶어하는 계층을 대상으로 하고 있다.

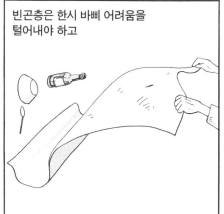

빈곤층은 한시 바삐 어려움을 털어내야 하고

안부자들은 부자가 되기 위해 줄일 수 있는 것이 무엇인가를 점검해야 한다.

부자는 부자대로 안부자는 그 나름대로
과소비하는 부분이 있을 것이다.

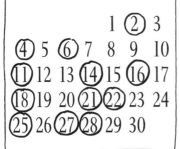

부자 골프 친 날   안부자 외식한 날

필자는 아이들이 어렸을 때
이렇게 말한 적이 여러 번 있다.

좋은 음식 먹을 때는 라면 먹는
사람들 생각하고, 고급 승용차 타고
다닐 때는 만원 버스에 시달리는
사람들 생각해라.

지금은 아이들이 다 커서
그 말을 기억하고 있는지
모르지만 적어도
이런 마음가짐이면
과소비는 없을 것이라는
확신이 든다.

아이들이 성장한 다음
걱정되는 것은 신용카드.

매스컴에서 카드로 인한 사고를
볼 때마다 내 아이들도 예외는
아니라는 위협에 시달린다.

혹시 신용카드
있으면 없애라.

현금카드로
교환해서 써라.

귀에 딱지
앉았어요.

필자도 은행에서
억지로 만들어준
카드를 거의 쓰지
않았다.

필요없다니까
이런 걸 왜
만들어 줘요?

국가에서 카드 사용을 장려했다.
세무사도 카드를 많이 써야 세금을 줄일 수
있다고 했다.

처음엔 카드 가맹점이 많지 않아
불편했지만 나중엔 가맹점이 늘어나면서
카드가 그렇게 편할 수가 없었다.

 LD 카드

유리 카드

 BD 카드

삼승 카드

귀빈 카드

한나 카드

 △□ 카드

 ◇○ 카드

 ×□ 카드

카드를 씀으로써 세금이 얼마나
절약되는 줄 알지도 못하고
은행이 내 금고인 양 긁어댔다.

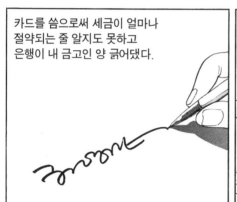

한참 후에 깨달았다.
이것이 망하는 길이라는 걸….

지금은 카드를
꺼내기 전에
한 번 더
생각한다.

뽑을 것이냐?
말 것이냐?

카드 결제 때가 되면 다시 한 번
점검한다. 반드시 무리한 곳이
눈에 띈다.

웬 술값이
이렇게
많아?

38

세금을 알고
돈을 알면 백전백승!

"세금도 원래는 내 돈이다.
내 돈 나가는 일에 무심해서야 되겠는가."

— 황윤석(전자부품 도매업) —

미안한 질문이지만….

부자 황 씨

…

작년에 소득세를 얼마나 냈어요?

…

봉급생활자

이리 떼고 저리 떼고 난 뒤 월급을 받으니까 세금으로 얼마나 빠져 나갔는지 모르겠는데요.

쯧쯧쯧. 자기 수중에서 돈이 얼마나 빠져나갔는지도 모르면서 무슨 돈을 벌겠어요?

사장님은 다 알고 계신다는 말씀인가요?

그럼요.

세금도 원래는 내 돈입니다. 내 돈 나가는데 모르면 됩니까?

황 씨는 매년 5월 말까지
해야 하는 종합소득세
신고를 준비하고 있다.

부동산 임대소득, 이자소득, 배당소득,
사업소득, 근로소득 등을 계산해
지난해 1월부터 12월까지 벌어들인
돈을 월별, 항목별로 구분한다.

그런 뒤 필요 경비나
공제받을 수 있는 것을
계산하는 것이다.

종합소득세는 소득자가 손수
작성해 신고하도록 되어 있으나
대개 회계사나 세무사의 도움을
받는다.

부자들의 세금은
몇백이 아니고
몇천, 몇억이
나오니까 5월이
오기 전에 준비를
하지 않으면 안 된다.

아아,
5월은 꽃피는
계절.

아아,
5월은 세금
납부의 달.

부자들은 전년 대비 소득의 증감을 알고 있기 때문에 세금 준비를 어느 정도 해야 하는지 예측하고 있다.

1년 수입 중 2개월치 수입을 세금으로 내야 한다고 마음먹으면 속편하다.

2개월이라니? 3개월치가 세금이야!

편지요!

으악!

종합소득세 자진 납부 신고서

축하합니다.

예?

그 종이는 당신이 부자의 길로 들어섰다는 증거입니다.

그 종합소득 계산서는 근로소득 외의 다른 수입이 있는 사람을 대상으로 발부되거든요.

세무소

238

부자가 되는 건 좋지만 이렇게 많이 떼내야 하는 건지 몰랐다.

세금이 아무리 많다 해도 수입보다는 적다. 벌었으니까 내는 건 당연하다고 생각해야 속편하다.

잘 아는 세무사 소개시켜 주세요.

수입 금액이 많지 않아 복잡하지도 않은데 돈을 써가면서 세무사를 써요?

1년에 한 번 신고하는 건데 모르면 배워요. 서류를 이만큼 쌓아놓고 씨름하는 나도 있는데 조무라기 부자가 어딜….

이 많은 걸 계산하려면 머리 터지겠어요.

결국은 내가 계산한 걸 세무사에게 넘기지만, 내가 얼마나 벌고 얼마나 썼는지 직접 작성해 보면 금년 사업구상과 소득 규모를 알 수 있지요.

11억 3천5백. 5억 7천. 6천5백.

전년보다
소득이 줄었으면

올해는
열심히 하자!

불끈

전년보다
소득이 늘었으면

더 열심히
하자!

불끈

불끈

부자들은 종합소득세 신고서를
작성할 때 희비가 교차한다.

무하하하.
전년 대비 수익이
40% 증가했다!

으윽! 세금이···
누진세가
가중되니까···
으윽! 속 쓰려!

손가락 열 개 중 두 개 정도를
떼어내는 아픔을 겪는다.

세금

아아악

그래서 부자들은 세금에 대해서
거의 전문가 수준이다.

$+, -, \times, \div,$
$\sqrt{\ }, (\ )$

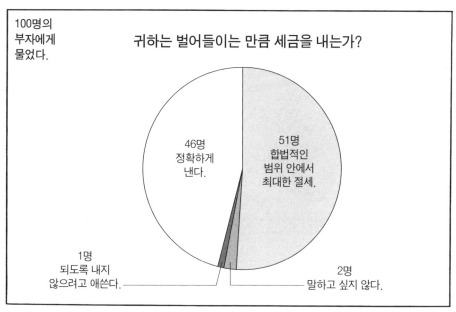

100명의
부자에게
물었다.

귀하는 벌어들이는 만큼 세금을 내는가?

46명
정확하게
낸다.

51명
합법적인
범위 안에서
최대한 절세.

1명
되도록 내지
않으려고 애쓴다.

2명
말하고 싶지 않다.

97명이 세금을 잘 낸다고 얘기하고 있지만 상당수가 편법 혹은 불법을 이용해 세금을 줄이고 있었다.

매입한 부동산의 명의를 바꾸지 않고 전매하는 건 흔한 일이고

상속세를 줄이려고 복권을 사들이는 방법도 쓴다고 한다.

복권이 상속세 보다 세율이 낮거든.

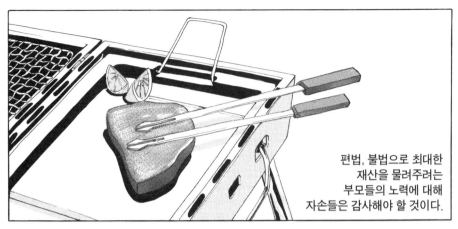

편법, 불법으로 최대한 재산을 물려주려는 부모들의 노력에 대해 자손들은 감사해야 할 것이다.

그러나 법을 잘 알면 법을 어기지 않고도 절세할 수 있다. 법을 모르면 국세청 홈페이지에 나온 다양한 절세 수단을 참고하면 된다.

절세	탈세
몇십만 원부터 몇천만 원까지 아낄 수 있다.	들켜서 세무 조사를 받게 되면 거덜난다. 탈세는 위험이 큰 도박이다.

부자들이 무서워하는
것이 세 가지 있다.

질병

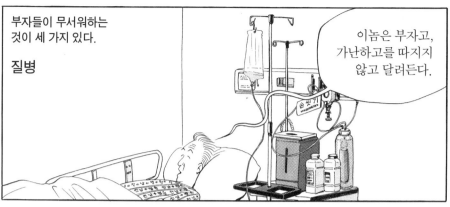

이놈은 부자고,
가난하고를 따지지
않고 달려든다.

빚 보증 부탁

해줘도 의리에
금가고 안 해줘도
의리에 금간다.

세금

5월에 종합소득세 내고,
주민세 내고, 납부한 종합소득세의
절반을 11월에 중간예납하고,
다음해 5월에 종합소득세
또 내면 허리가 휜다.

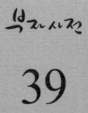

부자사전

39

세대 따라 다양한
부자들의 성향

"옛날에 돈을 번 사람들은 우리에게 돈 귀한 줄 모른다고 한다.
우리도 자식들에게 그렇게 말할 것이다."

— 석지영(회사원) —

부자들을 만날 때 자세히 살펴보라.

30, 40대 부자와 50대 부자의 패션이 다르다.

손목시계를 몇천 원짜리 싸구려 시계서부터 몇천만 원 하는 최고급 시계까지 다양한 종류를 차고 있었다.

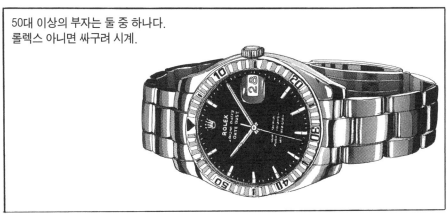

50대 이상의 부자는 둘 중 하나다.
롤렉스 아니면 싸구려 시계.

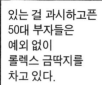

있는 걸 과시하고픈
50대 부자들은
예외 없이
롤렉스 금딱지를
차고 있다.

옛날에 근무했던
회사 사장님이 이걸
차고 계셨어요.
부러웠지요. 나중에
돈 벌면 사겠다고
벼르다가 몇 년 전에
샀어요. 폼나잖아요.
시계는 뭐니뭐니해도
롤렉스예요.

비싼 시계와
좋은 자동차와
예쁜 마누라는
무거운 짐이야.

비싼 시계를 잃어버리거나
좋은 자동차를 박치기하거나
예쁜 마누라를 다른 놈에게
뺏길까 봐 불안해서
어떻게 사나?

시계는 시간만
맞으면 되는 거야.

도대체 돈을
어디에 쓰려고 버는
건지 모르겠다.

10년 전
김영삼 대통령이
뿌린 영삼시계

246

싸구려 시계는 정을 붙일 틈이 없어요. 금방 칠이 벗겨지거나 수명이 짧아 금방 버려야 하거든요.

무슨 소리야. 영삼시계 10년 찼어도 까딱없어!

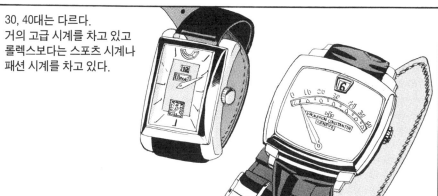

30, 40대는 다르다. 거의 고급 시계를 차고 있고 롤렉스보다는 스포츠 시계나 패션 시계를 차고 있다.

필자도 그 전에 카르티에를 갖고 싶었지만 지금은 포기했다.

카르티에를 차고 있는 사람이 너무 많고 가짜가 많아 이제는 너무 흔한 시계가 된 것이다.

부의 상징이 롤렉스인데 왜 다른 시계를 차죠?

저도 롤렉스 있어요. 결혼할 때 받은 건데 너무 티내는 것 같고 시계가 무거워서 장롱 속에 놔뒀어요. 롤렉스는 디자인이 촌스러워요.

이것 보세요. 간편하고 품위 있고 예쁘잖아요?

롤렉스가 구태의연하다고?

박 부자

!

카르티에나 불가리도 갖고 있지만 정장을 입을 때는 롤렉스가 그만입니다.

스포츠형 롤렉스 오이스터 시리즈

UNITS PER HOUR

박 씨처럼 젊은 부자들은 여러 개의 고급 시계를
장만해 놓고 분위기를 바꿔가면서
자신의 스타일을 연출하고 있다.

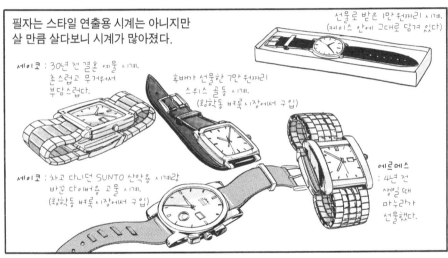

필자는 스타일 연출용 시계는 아니지만
살 만큼 살다보니 시계가 많아졌다.

선물로 받은 1만 원짜리 시계.
(케이스 안에 그대로 담겨 있다)

세이코: 30년 전 결혼 예물 시계.
촌스럽고 무거워서
부담스럽다.

후배가 선물한 7만 원짜리
스위스 골동 시계.
(황학동 벼룩시장에서 구입)

세이코: 차고 다니던 SUNTO 산악용 시계랑
바꾼 다이버용 고물 시계.
(황학동 벼룩시장에서 구입)

에르메스
: 4년 전
생일 때
마누라가
선물했다.

이 중 30년 된 세이코와 골동 시계는 쓰지 않고
에르메스와 세이코를 번갈아 차고 다니는데
가끔 큰놈의 가죽 끈 티소를 차기도 한다.
          폼보다는 실용 쪽을
          택하는 편이다.

쓸 만한 시계도
없잖아!

지금은 IWC(세계 최초로 파일럿용으로 개발된 시계)를 갖고 싶은데 초고가품(490만 원)이라서 부담스러운 시선으로 노려보고만 있다.

꿀 꺽

부인도 명품을 좋아하시나요?

그럼요. 요즘은 웬만한 여성들이 명품을 몇 개씩 갖고 있어서 그런지 남들이 쉽게 구하기 힘든 명품을 모으는 중입니다.

박 씨는 명품으로 휘감고 있었다. 겐조 양복, 에르메스 넥타이, 아르마니 머플러, 발리 구두, 크리스찬디올 벨트.

매년 초 집사람이랑 바겐세일 시즌에 맞춰 홍콩에 갑니다.

몸뚱아리는 어쩔 수 없는 국산 토종.

…

부자들은 영하의 날씨에도 코트를 입지 않는다.

차에서 내리면 바로 훈훈한 실내로 들어가는데 웬 코트?

양복에 머플러면 끝!

옛날 부자는 중절모에 빠이루 오버코트를 입고 다녔다. 물론 자동차가 귀하고 주택의 난방시설이 형편없을 때 얘기다.

한때 무스탕 가죽옷이 유행했다. 그러나 요즘 겨울에 무스탕을 입고 다니면 넉넉지 못한 부류에 속한다.

옛날 부잣집 마나님들은 여우 목도리를 두르고 다니면서 부를 과시했다.

요즘 부잣집 마나님들은 밍크코트를 입고 다니면서 부를 과시한다.

사실 밍크코트를 입고 다니면 불편하다.

차에 탈 때 벗어야 한다.

차에 놔두면 남들이 안 알아주니까 실내에 들어갈 때 살짝 걸치고 몇 발짝 들어가서 또 벗어야 한다.

실내에서는 계속 옷걸이에 걸려 있다 실용성이 전혀 없는 거추장스러운 짐이다.

그런데도 그 짐을 마다하지 않는다.
서로 더 비싼 짐을 지려고 애쓴다.

1500.

사실은
1000.

그거
얼마 줬어?

할인 금액으로
구입한 건 죽어도
얘기 안 한다.
정가만 얘기한다.

'남과 다른 나'를
보이기 위해
노력하는 것이다.

부자가 되려고
노력하는 것 자체가
'남과 다른 나'를
만들기 위한 것이다.

강남의 명품점에서는
절대 하지 말아야 할
말이 있다.

"이거 얼마예요?"

명품족은
가격을 따지지
않는다.

기온이 영하로 내려가기만 하면
춥다고 호들갑 떠는
프랑스 여성들
역시 밍크코트를
좋아한다.

밍크코트를
입기 위해서는
알몸도 괜찮아요.

속에 얇은 옷을 입고
위에 밍크코트를 걸친다.

부자들이 눈에 보이는 곳에 쓰는 돈이 이 정도일 뿐 보이지 않는 곳에 쓰는 돈도 만만치 않을 것이다. 모두 '남과 다른 나'를 만들기 위해서.

반면 나이든 부자들은 명품에 반응을 보이지 않는다.

우리는 이것만 있으면 끝이야.

남들에게 설명할 필요 없이 모든 부분에서 '남과 다른 나'를 만들려면 각고의 노력이 있어야 한다.

64세 노인을
한국 등산학교에서
만났다.

내 체력에 맞는
친구가 없어서
등산학교에
들어왔다.

일주일에 5일
등산한다.

하루에 30km를
걸어도 피곤한 줄
모른다.

슈퍼맨!

훈련하는 동안 젊은 사람들보다
매번 앞서 달려간다.

이것도 '남과 다른 나'를
보여주기 위함이다.

파 파 파 파

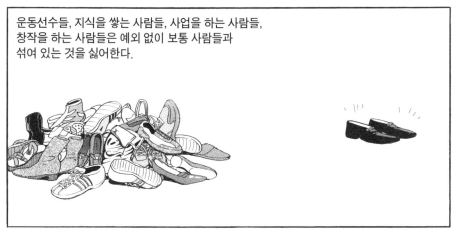

운동선수들, 지식을 쌓는 사람들, 사업을 하는 사람들,
창작을 하는 사람들은 예외 없이 보통 사람들과
섞여 있는 것을 싫어한다.

이거종 국장, 히말라야
8000m 14개 봉 중 제일 쉬운
봉우리가 초오유(8210m)지?
거기 가보고 싶어.

형님, 올라가려면
에베레스트(8850m)를
올라가야지 무슨
초오유야?

일반인들은 초오유를 잘 모르니까
어떤 산인지 일일이 설명해 줘야 할 것 아니야.
에베레스트는 누구나 다 아는 산이니까
설명이 필요 없지. 무조건 에베레스트로 가!

설명이 필요 없이
'남과 다른 나'를 보여주려면
에베레스트로 가야 한다.

…

인간들은 똑같이 생긴 모양이 수만 개 비비적대는
콩나물시루보다 외롭지만 무인도의 한 그루 야자수가
되기를 원하는 것이다.

두 부류 부자들의
차이점은 자동차에서도
나타난다.

50대 이상의 부자들은 크고 안전한
중대형 승용차를 선호하고

젊은 부자들은 날렵하고
폼나는 차를 선호한다.

부자 100명 중 89명이 두 대 이상의
자동차를 갖고 있었고(부자가 아닌
중산층도 2대 이상인 가정이 많다)
50대 이상의 부자 중 절반가량이
운전기사를 두고 있었고,
젊은 부자 대부분은
자가 운전자들이었다.

이 정도는
몇십억 부자들
얘기다.

진짜 부자들의
'남과 다른 나' 는 규모가 다르다.
자동차나 액세서리는 모두들
갖고 있기 때문에 튀지 않는다.

요트 자랑.

이거…
얼마나 들여서
구입하셨나요?

무하하하. 촌스럽게
그런 걸 물어보고….

별장 자랑.

1년에
일주일 정도 지내는
하계별장입니다.

그 외 그리스,
이태리, 스위스,
뉴질랜드에도
별장이 있지요.
무하하하하.

하지만 진짜 부자는 아무것도 자랑하지 않는다.
자랑하지 않아도 누구나 부자라는 걸 알기 때문이다.

…

옷걸이가 좋으면 리어카에서 산 옷도 잘 어울리듯이

구멍 난 양말. 사실 본인은 모르고 있다. ↓

진짜 부자가 갖고 있으면 싸구려 제품일지라도 '남과 다른 나'를 만들어 준다.

너무나 겸손하신 분.

단지 '남과 다른 나'를 만들기 위해 돈을 버는 것은 의미가 없다.

'남과 다른 나'를 만든 뒤 '남과 같은 나'를 만드는 것이 더더욱 중요하다.

필자의 책상에는 이런 글귀가 쓰여 있다.

나보다 못한 사람은 없다!

겸손하라. 남을 존중하라는 얘기지만 참으로 쉽지 않다.

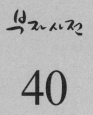

부자사전

40

쩨쩨함을 생활화하라

"나에게는 10만 원도 큰돈이다.
세상에 적은 돈이라는 건 없다."

— 조주명(의류업체 운영) —

오래전에는 사채를 빌리면
한 달 이자가 3부(3%)였던
때가 있었다.

급전은 5부까지
올라가기도 했다.
소위 달러이자라고
하는 건 1할이었다.

은행의 정기 적금도
3년 만에 원금의 100%가
붙었던 때도 있었다.

돈이 모이는 대로
정기 적금을 들면
부자되는 건
시간문제였다.

3년 지나면 하나가 두 개 되고,
또 3년 지나면 두 개가 네 개,
또 3년 지나면 네 개가 여덟 개,
또 3년 지나면 여덟 개가 열여섯 개…

그러나 지금은 은행이나 사채나
이자가 박하다.

부자들에게 이자 수입이
어느 정도 되느냐고 물었다.

전체 수입 중
세 번째나 네 번째.

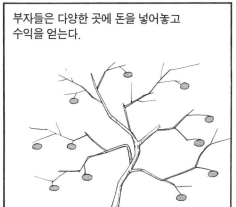

부자들은 다양한 곳에 돈을 넣어놓고 수익을 얻는다.

부자들은 이자율에 상당히 민감하다.
0.01%라도 더 주는 곳을 택할 정도다.

밥알 흘리지 말고 먹어!

부자가 그까짓 이자 몇 푼 가지고 전전긍긍합니까?

나에게는 10만 원도 큰돈입니다. 세상에 적은 돈이란 건 없어요.

액수가 많지 않으면 이자에 연연하지 않지만 액수가 많으면 얘기가 달라져요.

나는 MMF*나 MMDA*에 돈을 맡깁니다. 짧은 기간이라도 수익률이 높거든요.

＊MMF : 금융기관이 단기 금융상품에 집중 투자해서 얻은 수익을 되돌려주는 실적배당 상품.
＊MMDA : MMF와 같은 성격이면서 인출 및 이체가 자유로운 상품.

종금사가
취급하는
기업어음*도
괜찮은 투자
대상이지요.

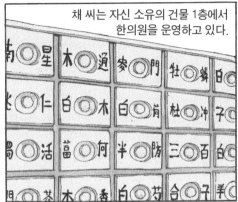

채 씨는 자신 소유의 건물 1층에서
한의원을 운영하고 있다.

*기업어음 : 기업이 단기 자금을 조달할 목적으로 발행한 약속어음.

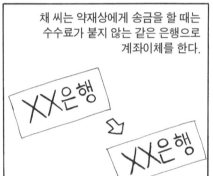

채 씨는 약재상에게 송금을 할 때는
수수료가 붙지 않는 같은 은행으로
계좌이체를 한다.

약재상의 주거래 은행이
다른 곳이면 현금을
찾아뒀다가 직접 준다.

수표 발행 수수료도
아껴야죠.

주식 투자를 본격적으로 하는 부자들은
거의 온라인 거래를 이용하고 있다.

증권사에 나와서 하루 종일 시세판만 보고 있는 사람은 십중팔구 '쌈짓돈 투자자'다.

남편 몰래 투자하고 있는 주부부터 퇴직금을 털어넣은 명퇴자까지 안절부절못하는 투자자들이 객장에서 시간을 보낸다.

시세 현황

투자자들이 온라인을 이용하면 증권사도 직원을 줄일 수 있어 비용 감축 효과가 있다.

그래서 온라인 거래 수수료를 낮춰 준다.

온라인 거래 수수료 : 0.15~0.1%
지점을 통한 거래 수수료 : 0.4~0.5%

눈곱만 한 차이구만 그런 걸 따져!

모르시는 말씀!

안부자

부자

굴리는 돈의 액수에 따라
담배 한 갑 차이일 수도 있고,
갈비 한 짝 차이일 수도 있어요.

거래 수수료 0.4~0.5%,
증권거래세 0.5%(코스닥의 경우 0.3%)
를 합치면 거의 1%예요.

1억 거래하면 100만 원이
없어진다니까요.
100만 원이 적은 돈입니까?

눈
찌르겠다.

게다가 거래를
자주 할수록
뭉텅이 돈이 나가는데
신경 안 쓰는 사람이
바보지요.

당구장에서 하루 종일 내기 당구를
치면 돈은 누가 딸까?

당구장 주인이다.

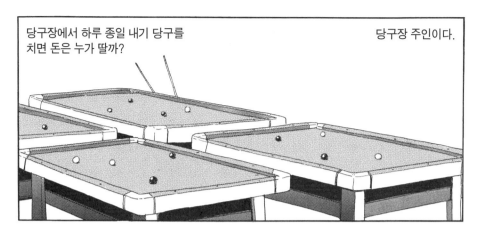

증권회사가
곧 당구장인
것이다.

증권사 영업사원이나
투자 상담사들은
투자자들에게서
많은 수수료를
얻어내기 위해
회전율을 높인다.

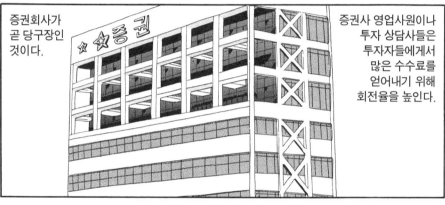

장, 노년층은 컴퓨터에
익숙지 못하다.

그러나 특유의 '쩨쩨함'을 유지하기 위해
인터넷을 익힌다.

온라인을 통해 비용을 절감하고 있는 것이다.

많이 버는 것도 중요하다. 지출을 줄이는 건 더 중요하다.

필자의 어머니는 늘 이런 금쪽 같은 말씀을 해주셨다.

많이 벌려고 하지 말고 적게 써라.

전선으로 만든 시장 바구니

필자의 할머니는 이렇게 말씀하셨다.

항상 7부작(70%)만 해라. 음식을 먹을 때도, 일을 할 때도, 꽉 채우지 말고 공간을 두어야 건강할 수 있고 욕심을 줄일 수 있다.

UN성냥

당신은 94세까지 사셨다.

과욕하지 말라는
말씀이셨다.

턱

과자 재촉하는
처칠

필자의 책상에
이런 글이 있다.

한달에, 일주일
일느에 한달

작업실에 오는 사람은
예외 없이 무슨
뜻이냐고 묻는다.

한 달에 일주일을 쉬고,
1년에 한 달을 통째로 쉰다는
바람인데 이게 어디 쉬운 일인가?
여전히 일에 끌려다니고 있다.

할머니,
어머니,
죄송해요.

♪

과자

270

부자들은 4억 9천만 원이
있을 때 1천만 원을 보태
5억을 만들려고 애쓴다.

안부자들은 4천9백만 원이
있으면 5천만 원을 채우려
하지 않고 흐뭇한 나머지
안주하고 만다.
그러는 사이 돈은
야금야금 없어져
바닥이 나고 만다.

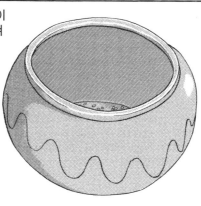

부자들은 돈을
계속 늘리기 위해
눈에 불을 켜고
수익을 낸다.

돈을 버는 것은 습관이 중요하다.
쩨쩨한 것을 창피하게 생각하면
부자가 되기 어렵다.

한국에서 100만 달러(약 11억 3천만 원)를 갖고 있는 부자는 몇 명이나 될까?

2002년도에 약 5만5천 명 정도였다. 인구를 5천만 명이라 볼 때 약 910명 중 1명이 부자다.

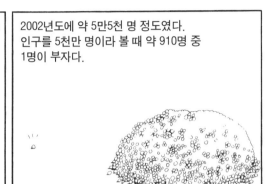

그 중 80%가 자수성가형 부자였다.

富

부자 특성 연구회 문승렬 대표

부자들은 사업에 몇 번 실패해도 다시 일어설 수 있다는 긍정적 사고방식을 갖고 있어요.

매일 지출한 명세와 누구에게 무엇을 얻어먹었는지 꼼꼼하게 메모하고 단돈 1000원도 헛되게 쓰지 않아요.

어느 80대 노인은 지금도 인터넷에서 다양한 금융 정보를 얻을 정도로 자기 변화를 위해 노력합니다.

『동아일보』2004. 2. 23.
황태훈 기자

여기에서 단돈 1000원도 헛되이 쓰지 않는다는 말을 되새겨보자.

얼마 전 우리당의 김춘진 의원이 밝힌 내용이다.

매일 3000원짜리 담배를 한 갑씩 피우는 20세 흡연자가 담배를 끊고 80세까지 그 담뱃값을 복리 저축했을 경우 서울 시내에 아파트를 한 채 장만할 수 있다!

평균 이자율을 5%로 가정하면 3억 8천717만 원.
평균 이자율을 3%로 가정하면 1억 7천854만 원.

티끌모아
태산~~~

매일 담배 한 갑을 줄이면
평소에 만져 보지도 못할
돈을 만지게 되는 것이다.
대수롭지 않게 생각할
정도의 푼돈도 이렇게
크게 변한다.

바바라 스트라이젠드,
브리트니 스피어스,
샤론 스톤,
머라이어 캐리,
발 킬머,
피어스 브로스넌…
귀에 익은 유명
연예인들이다.

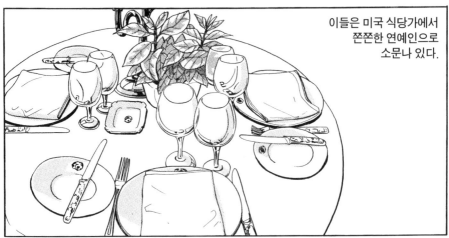

이들은 미국 식당가에서
쯘쯘한 연예인으로
소문나 있다.

바바라 스트라이젠드는
150달러를 계산하면서
팁은 5달러밖에 주지
않아서 욕먹었고

샤론 스톤은
샌프란시스코의 카페에서
139달러어치를 먹고
9달러 팁을 줘서
욕먹었고

브리트니
스피어스는
아예 팁을
생략해서
욕을 먹었다.

발 킬머는 50달러 팁을 줬다가
사람을 시켜 30달러를 거슬러
받아가서 욕을 먹었고

007로 유명한 배우 피어스 브로스넌은 2시간 30분을 죽치고 있다 나가면서 정확히 식사 금액의 10%만 내고 나가서 짠돌이 대열에 올랐다.

머라이어 캐리와 로드 스튜어트는 짠순이, 짠돌이를 넘어 최악이라는 딱지가 붙었다.

특히 톱가수 머라이어 캐리는 씀씀이에 관한 한 할리우드 최고 수준이지만 팁은 인색해서 호텔에서 10만 달러를 카드로 그으면서 10센트 은화 하나 내놓지 않아 입방아에 오르고 있다.

『스포츠조선』 2004. 6. 1.
정경희 기자

이들의 재산은 수천만 달러 이상이지만 특급 짠돌이 노릇을 하고 있다.

미국의 대중 월간지
『SPY』는 거부들의
'근검절약도'를
측정했다.

엄선된 부자들 58명에게
소액의 가계수표를 편지로
보냈다.

컴퓨터의 실수로 귀하가 아래
금액을 추가로 지불하였기에
이를 환불해 드리고자 합니다.

1달러 11센트*

*1달러 11센트 : 2000년 당시 약 1330원

58명 중에는 우디 알렌,
캔디스 버겐, 레너드 번스타인,
톰 브로커(NBC 앵커),
마이클 더글라스, 미아 패로우,
더스틴 호프만, 키신저, 카쇼기,
로날드 트럼프, 루퍼트 머독(언론 재벌)
등이 포함돼 있다.

수표를 보낸 뒤 2개월 후 예상을 뒤엎고 마이클 더글라스, 페이 더너웨이, 미아 패로우, 카쇼기, 트럼프, 머독 등 26명의 저명인사들이 성가신 서류 작성을 마다 않고 1달러 11센트를 은행에서 인출해간 것이 확인됐다.

1달러 11센트를 무시해버린 나머지 32명에게 2달러를 찾아갈 수 있는 '미끼'를 다시 던졌더니 캔디스 버겐, 리차드 기어 등 6명이 걸려 들었다.

*2달러 : 2000년 당시 약 1400원

다음 단계로 1달러 11센트를 찾아간 26명이 얼마나 알뜰한지 알아보기 위해 똑같은 방법으로 64센트를 찾아가게 했다.

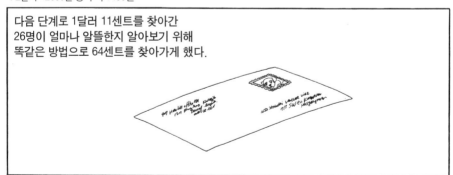

*64센트 : 2000년 당시 약 450원

278

이에 응한 사람은 13명으로 26명의
절반이었지만 카쇼기, 머독, 트럼프 등
거물 사업가가 포함돼 있었다.

13명에게 마지막으로
한 번 더 편지를 보냈다.

귀하는 얼마 전 사무착오로 인해 발생한
64센트의 보상을 받았지만 실제로는
77센트를 받아야 했습니다.
죄송하지만 나머지 13센트를
환불 받으십시오.

*13센트 : 2000년 당시 약 100원

단돈 13센트. 아이들도 받지 않을
단돈 100원을 은행까지 와서 찾아갈
사람이 있을까?

억만장자 두 사람이
마지막으로 남았다.

한때 재산 가치가 50억 달러(3조 5천억)
이상으로 평가됐던 세계적 무기거래상
애드넌 카쇼기.

미국 최고의 부동산 재벌
도널드 트럼프.

단돈 13센트도 받아가는
그들의 알뜰함에는
두 손 두 발 다 들 수밖에 없다.

『시사저널』 1990. 7. 15.
조윤증 기자

미국의 유명 투자 은행인
베어스턴스의 앨런 그린버그 회장은
검약과 절제의 대가다.

클립 재사용.

서류 봉투 재활용.

이면지 메모지 사용 등.

연봉 1800만 달러(약 216억 원)를 받는 CEO 치고
욕먹을 만큼 쩨쩨하지만 1923년 창업 이후
베어스턴스가 한 번도 적자를 내지 않은 이유는
작은 것부터 철저하게 아끼는 습관이
밑바탕이 됐기 때문이다.

투자의 귀재 워렌 버핏도
이렇게 말했다.

100달러를 벌기보다
1달러를 절약해라.

그는 51조를 가진
어마어마한 부자다.
하지만 철저한
구두쇠다.

1958년에 구입한 집에서
아직 살고 있고

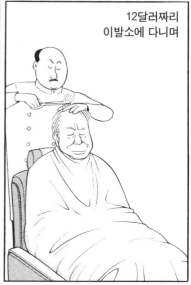

12달러짜리
이발소에 다니며

오래된 중고차를
직접 몰고 다닌다.

어느 기업의 CEO와 골프를
즐기던 중 있었던 일이다.

2달러를 걸고 티샷을 해서
홀인원을 하면 1만 달러를
주겠소. 2달러 내시지요.

왜 그런 확률이 낮은데
돈을 걸라는 거요?
2달러를 소중하게 생각지 않는
사람은 1만 달러를 손에
쥐어도 마찬가지일 거요.

철저한 검약과 절제의 정신이다.

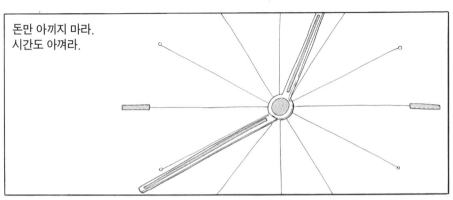

돈만 아끼지 마라.
시간도 아껴라.

〈초(秒) 관리 운동〉
담배 한 개비 피우는 시간 5분 2100원
불필요한 전화 한 통 하는 3분은 1260원
커피 한 잔 10분은 4200원

서울 성수동에 있는
용수철 생산업체
삼원정공에 적혀
있는 글이다.

근무시간보다 생산성에
비례해 월급을 받고
근무시간을 최대한 활용하는
회사 분위기를 만들었어요.

양응식
대표

덕분에 10년차 생산직사원 연봉이 2500~3000만 원 수준이 됐습니다.

동종업계 최고 수준이다.

담배를 하루에 10번 피운다면 총 50분에 21,000원으로 늘어난다. 한 달 24일 근무한다면 50분×24=1200분, 즉 20시간이 달아나버린다. 담배를 피우는데 이틀하고 한나절 근무시간이 없어지는 것이다. 금액으로 환산하면 한 달에 504,000원이 된다. 무시무시한 계산이다.

삼원정공은 '초관리 운동' 덕분에 9년 전부터 격주 토요 휴무를 하고 있었고 2년 전에 이미 주 5일제를 하고 있었다.

임금 삭감과 생산성 저하 없이 주 5일 근무제에 성공했다.

삼원정공은 1982년부터 '정리정돈 운동'
1990년부터 '초관리 운동' 1993년부터
낭비 요소를 줄이는 '사력 0.01운동'
2002년부터는 기발한 아이디어를 찾자는
'기아 찾기 운동' 등을 하고 있다.

이 운동은 회사 전체의 결속력까지 높였다.
이 회사 사무실에는 에어컨이 없다.

외근 나간 영업직원 자리에는 컴퓨터와 전등이
모두 꺼져 있고 사내 식당에서도 먹을 만큼
덜어 먹는 것에 익숙해져 잔밥통을 없애버렸다.

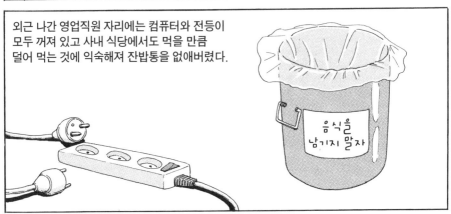

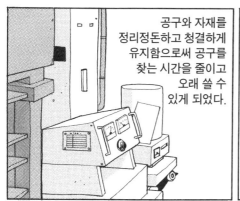

공구와 자재를 정리정돈하고 청결하게 유지함으로써 공구를 찾는 시간을 줄이고 오래 쓸 수 있게 되었다.

작업 중 발생하는 쓰레기는 모두 재활용할 수 있다는 생각에서 쓰레기통 이름도 바꿨다.

많은 '운동'으로 직원들이 숨이 막힐 지경일 텐데 어떻게 견디죠?

모든 혁신운동들을 자율적으로 하기 때문에 스트레스를 받지 않습니다.

만약 누가 노는지, 누가 낭비하는지 감시하기 시작하면 감시 인력이 필요하고 낭비가 발생하지요.

많은 회사들이 혁신을 내세우고 있지만 큰 성과를 얻지 못하는 이유가 혁신 추진본부를 만들고 보고서를 쓰는 등 낭비만 하기 때문이지요. 근본적으로 체질을 변화시키지 못하고 포기하게 되는 거예요.

자율을 무시했기 때문입니다.

삼원정공은 20여 년 동안 진행된 혁신 때문에 사양산업인 스프링 시장에서 25%를 점유하고 있다.

1980년대 80억이던 매출이 현재 180억으로 뛰었고 동종업체들이 줄줄이 도산했지만 삼원정공은 지난해 30억의 이익을 남겼다.

『매일경제』 2004. 8. 24. 이효정 기자

기업을 끌고가다 보면 상황이 좋을 때도 있고 나쁠 때도 있지요.

사회나 국가의 정책을 비난하면서 내가 어려운 것이 마치 남의 탓인 양 떠넘기는 기업주들은 '기본'이 되어 있지 않다고 봅니다.

기본이 잘 되어 있으면 어떤 어려운 상황도 넘길 수 있다.

기업은 기업대로 큰 살림 규모가 있듯이 가정살림에도 규모가 있다.

살림의 대소에 상관없이 기본이 잘 되어 있으면 이미 부자로 가는 길에 들어선 것이다.

41

주변 사람이 가장 두렵다

"나도 베풀면서 살고 싶다.
문제는 베풀 곳이 너무 많다는 것이다."

— 민형기(주류 유통업) —

필자가 사회에 첫발을 내디딜 무렵
아버지께서 하신 말씀.

절대 빚보증
서지 마라!

5월초부터
11월초까지 부채를
손에 달고 다니셨다. →

당신이 친구의 보증을 섰다가
친구가 야반도주하는 바람에
혼이 난 적이 있고,
많은 사람들이 빚보증을
잘못 서면서 내려앉는 걸
봐왔기 때문이다.

상대가 야속하다 생각하겠지만
보증 서서 원수되는 것보다는
낮지 않으냐!

필자 역시 아이들에게
같은 말을 한다.

사람은 믿어야 하지만
상황이나 돈이 믿지
못하게 만들거든.

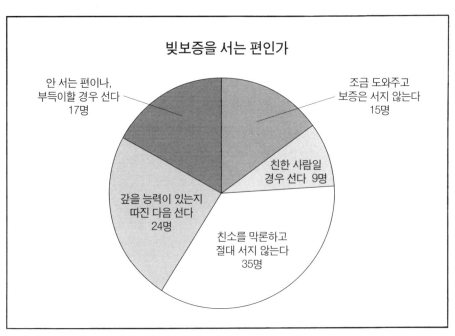

빚보증을 서는 편인가

안 서는 편이나,
부득이할 경우 선다
17명

조금 도와주고
보증은 서지 않는다
15명

친한 사람일
경우 선다 9명

갚을 능력이 있는지
따진 다음 선다
24명

친소를 막론하고
절대 서지 않는다
35명

빚보증을 서지 마라

조 씨가 이 가훈을 정한
것은 4년 전이다.

사업을 하던 죽마고우의
보증을 섰는데 사단이
나고 말았다.

은행돈
세 달만 쓸게.

그래라.

쿵

그런데 친구가 보름 만에 부도를 내고 잠적해버렸다.

조 씨는 아파트 두 채를 팔아 빚을 대신 갚았다.

도망친 친구가 빼돌린 돈으로 미국에서 잘살고 있다는 소문을 듣고 찾아갔으나 어쩌지 못하고 그냥 돌아오고 말았다.

10년 전에도 조카가 취업하는 데 보증을 섰다가 조카가 회사 공금을 횡령하는 바람에 곤혹을 치르기도 했다.

내가 두 번 다시 빚보증을 서면 성을 간다!

기능직 공무원 출신인 조 씨는 이사 다니면서 돈을 번 사람이다.

조 씨의 집은
강남의 60평 규모
아파트였는데
살림이 거의 없다.

그 흔한 소파도 없고
찻잔도 짝이 맞지 않는다.

넓은 거실에 낡은 25인치 TV와 화분 2개가
놓여 있을 뿐이다.

안방에 화장대도 없어요.
그릇 몇 개, 장롱, 책상, 침대만
있으면 충분해요.

조 씨는 23세 때 결혼했고
50대 중반인 지금까지
17번 이사다녔다.

처음부터 이렇게 살림이
간단한 것은 아니었다.

항상 이사를 다녀야 하니까
짐을 줄일 수밖에 없었다.

살던 집값이 오르면 팔고, 집값이 오를 만한 곳으로
이사했다가 다시 값이 오르면 또 파는 식으로 끊임없이
돈을 모으면서 이사를 다녔다.

17번 이사해서 번 돈으로
아파트 여러 채와 상가를 가지고
있으면서도 여전히 이사를
염두에 두고 있다.

이 일대 아파트 값이
많이 올랐어요.
이제 뜰 때가 됐습니다.

어휴,
지겨워.

땅은 넓지만
지은 지 오래된
주택을 봐놓은
것이 있거든요.

그런 집은
다세대주택을
지으려는 사람들이
좋아하니까
값을 올려받을 수
있어요.

얼마 전 일이다. 요즘은 다세대주택도
포화상태다.

돈을 빌릴 때나 빚보증을 부탁할 때
떼먹을 각오로 부탁하는 경우는
많지 않다.

돈 부탁을 하는
사람들은 대부분
코너에 몰려 있는
사람들이다.

몇십만 원 부탁하는
경우도 있지만
도저히 갚을 수 없을
정도의 많은 돈을
부탁하는 경우도
있다.

굵은
줄!

현명한 필자의 친구가 있다.
이 친구는 여러 군데
돈을 꾸어줬다.
하지만 철칙이 있다.

되돌려받지 않아도
기억에서 지울 수
있는 액수 정도만
꿔줍니다.

사람이 살아가면서 돈 부탁을 받아보지 않은
사람은 거의 없을 것이다.

필자 역시 마찬가지.

그 친구의 말대로 안 받아도 될 만큼
꾸어줬다. 적게는 30만 원에서
많게는 2천만 원까지….

대개 갚는 경우는
많지 않다.

필자는 매듭이 풀리지 않으면 그 매듭이 풀릴 때까지
신경을 쓰는 쪼잔한 성격이어서 그림 그린 뒤
물감 팔레트를 닦지 않는 기분이 계속된다.

넌 다른 건
잘 잊어버리면서
왜 그래?

나는 너하고
다른가봐.

그보다 더 중요한 것은 그쪽의
연락이 끊기는 것이다.

좋아하던 후배가 9년 전 작업실로
찾아왔다.

치… 치질이 심한데 수… 수…
수술비가 없습니다. 두… 두…
두 달이면 갚을 테니까 350만 원만…

그 뒤로 그 후배는
나타나지 않았다.

중간에 술집에서
한 번 만났는데

저… 저… 그런
놈 아… 아닙니다.
꼬… 꼬… 꼭
갚겠습니다.

×구멍이 찢어지게
아플 때를 생각하면
못 갚을 리 없다.
갚을 생각이 없는
것이다.

그 돈을 주위의
어려운 사람에게나
줄걸…

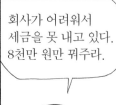

회사가 어려워서 세금을 못 내고 있다. 8천만 원만 꿔주라.

그렇게 많은 세금을 못 낼 정도면 회생은 어렵다. 필자는 물론 주위에 많은 피해를 주고 몇 년째 아무 말도 없다.

지금 하고 있는 원고가 다음달에 끝나는데 꼭 갚을 게요.

4년째 소식이 없다.

내가 굶으면 영만 형이 욕먹어요! 알아서 하세요!

적금까지 깨서 도와줬더니 갚을 생각도 하지 않는다.

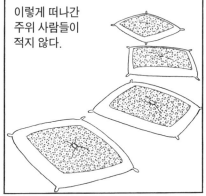

이렇게 떠나간 주위 사람들이 적지 않다.

형편이 어려워서 그럴 수도 있지만 개중에는 중형차를 굴리는 사람, 자신의 미래를 위해 보험금을 넣는 사람도 있다.

그래도 '이젠 앞으로 그런 짓 안 한다'라는 맹세를 하지 못한다. 그냥 그렇게 사는 것인가 보다.

속담에 '곳간에서 인심난다' 는 말이 있다.

여유가 있어야 남을 도울 수 있다는 뜻인데 부자들도 마찬가지다.

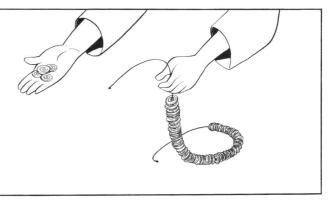

빚보증은 안 되지만 부담 없는 범위의 금전적인 도움은 줄 수 있다는 반응이 많았다.

100명 중 81명.

친척이나 친구가 물건을 팔아달라고 찾아오면 대부분 사줍니다.

믿을 수 없는 얘기다.

사주지 않는다는 쪽
중 11명.

모르는 사람이거나
사회단체라면 생각해 보겠지만
친인척에게 금전적 도움은
주지 않습니다!

친인척에게 도움을 주기 시작하면
끝이 없다는 것이다.

정수기 팔고, 책 팔고,
보험 팔고… 그 다음엔
또 무엇인가를 들고
나타납니다.

친인척이
방문하면 이렇게
말합니다.

내 사무실에
나와서 일하든지
건물 관리인으로
일해라.

그 말을
따르는 사람은
없었단다.

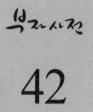

부자사전

42

분에 넘치는 생활을
경계하라

"누구에게나 인생은 유한하다.
돈은 그 약속된 시간을 값지게 쓸 수 있도록 해준다."

— 심종수(대형 골프 연습장 운영) —

부자들은 위험 관리를 적절하게 해서
부를 이룬 사람들이다.

이런 사람들이 남의
위험을 나눠 가지려고 하지
않는 것은 당연하다.

이럴 때 경주
최 부잣집이 생각난다.

'사방 100리(40km) 안에
굶어 죽는 사람이 없게 하라'

부자가 되는 것도 좋지만
좋은 부자가 되면
더욱 좋다.

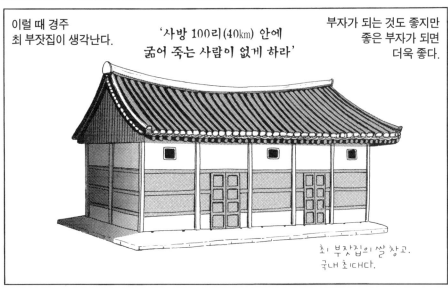

최 부잣집의 쌀 창고.
국내 최대다.

사채업자
노 씨

그런 표정지을
것 없어요.

사채업자는 무시무시한
해결사를 끼고 일하는 사람들로
알고 있는데 그렇지 않아요.
똑같은 사람들입니다.

급하고 어려운 사람들을
상대하다 보면 빡빡할
때도 있긴 하지만
나쁜 소문대로라면
급전을 찾는 사람들이
왜 이곳으로 오겠어요!

제도권 금융에서 돈을 만들지 못하는 기업들이
마지막으로 찾는 곳이 사채시장이다.

대표적인 곳이
명동의 사채시장

기업어음을 주로 융통하는
사채업자들은 매일 정보와
전쟁을 한다.

정보 입수가 늦으면
큰일납니다. 맡아 놓은
어음이 부도나기 전에
알아야 하거든요.

일부 큰손들은
대기업이나
증권시장
전문가보다
흐름 파악이
빠르다.

우리 회사는 지금
잘 돌아가고 있습니다.
설비 투자가 필요한
시기라서 자금이
필요하다니까요.

안 돼요! 그 회사는
지난 봄부터 어려움을
겪고 있고 창고에
재고가 많이 쌓여 있는
걸 알고 있어요.

귀신이다.
어떻게 창고
속까지
들여다보고
있어?

사채업자들이 거래를 안 하는 기업이라면
그 기업에 100% 문제가 생겼다고 보면
정확하다.

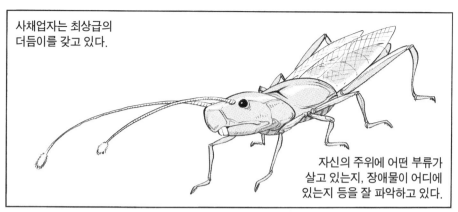

사채업자는 최상급의
더듬이를 갖고 있다.

자신의 주위에 어떤 부류가
살고 있는지, 장애물이 어디에
있는지 등을 잘 파악하고 있다.

부자 동네에
사시네요.

부자 동네는 무슨… 아파트 값만
턱없이 높은 동네지.

!

30~40대 주부들이 살고
싶은 곳 1위가 이곳 아닙니까?
학군이 좋아서 전국의 부자들이
몰려드는 곳이잖아요.

이 아파트에
진짜 부자는
별로 없어요.

상당한 재력가로
알고 있는데
왜 50평 아파트에
사시죠?

내 분수에 맞기
때문입니다.

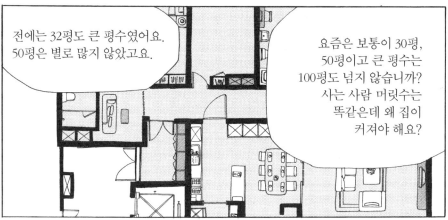

전에는 32평도 큰 평수였어요.
50평은 별로 많지 않았고요.

요즘은 보통이 30평,
50평이고 큰 평수는
100평도 넘지 않습니까?
사는 사람 머릿수는
똑같은데 왜 집이
커져야 해요?

집이 커봐야
아내만 고생이죠.

파출부
없으세요?

없어요.
이 아파트 단지에서 파출부 없는
집은 우리 집뿐일 겁니다.

집 평수가 크면 폼은 나겠지만 파출부 써야지,
유지비 많이 들지, 큰 집에 맞게 치장해야지,
폼내다가 쪽박 찹니다.

한 달에 300만 원 줄여 봐요.
1년이면 3600만 원,
10년이면 3억 6천만 원이
절약된다고요.

사람들은 매일 피곤하고
돈 벌기 힘들다고 말하면서
골프치고 해외 여행을
다닙니다.

골프 그만두고
해외 여행 안 하면
피곤하고 힘들 일 없지요.
그걸 몰라요.

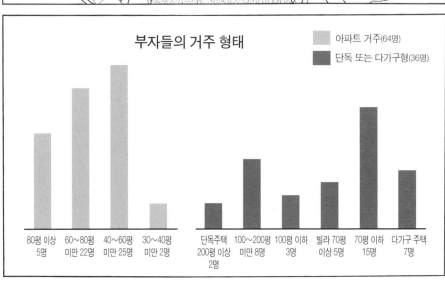

부자들의 거주 형태

아파트 거주(64명)
단독 또는 다가구형(36명)

| 80평 이상 5명 | 60~80평 미만 22명 | 40~60평 미만 25명 | 30~40평 미만 2명 | 단독주택 200평 이상 2명 | 100~200평 미만 8명 | 100평 이하 3명 | 빌라 70평 이상 5명 | 70평 이하 15명 | 다가구 주택 7명 |

아파트 거주자 64명 중 60평 이상의 대형 아파트에 사는 부자는 37명에 불과하다.

25명이 40, 50평형대에 살면서 자신들의 분수에 맞는다고 말한다.

7명은 다가구 주택에 살고 있고, 30평대 아파트에 살고 있는 부자 중 한 명은 100억대 재산가였다. 놀라운 일이다.

사는 집이 뭐가 중요해?

부자들은 축구장만 한 아파트에 살지 않는다. 집은 최소화하고 여윳돈으로 재테크 기회를 노려야 한다.

부자 동네로
이사하면 아파트 값이
뛸 확률이 높으니까
투자수익을 바랄 수도
있다.

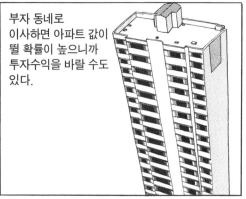

그러나
하나를
얻을 수
있을지
몰라도
열을 잃을
수도 있다.

가장 먼저 잃는 것이 아내고,
그 다음이 아이들이다.

자장면
시켜 먹어.

아파트 열쇠 ↓

물론 돈도 잃는다.
뼈 빠지게 벌어 봐야
간이 부은 가족들 때문에
남아나질 않는다.

자동차도 바꿔야 한다.
본인 차만 바꾸면 부인이
가만 있을 리 없다.
자동차 보험료, 연료비가
곱으로 뛴다.

아이들 학원도
보내야 하고
방학 때는
해외 연수를
보내야 한다.

그러다 조기유학으로 이어진다.
남는 건 기러기 아빠가 된 자신뿐이다.

LA NY
BOSTON

기러기 아빠는 하루빨리 가족과 합치기만
바란다. 부자가 되고픈 생각은 없다.

부자들의 취미는
골프일까? 골프보다
독서가 많았다.

부자들은 분수에
넘치는 생활을
증오한다.

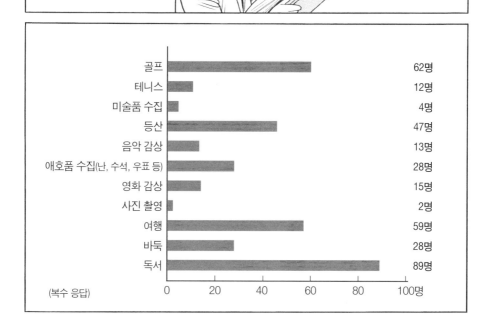

골프	62명
테니스	12명
미술품 수집	4명
등산	47명
음악 감상	13명
애호품 수집(난, 수석, 우표 등)	28명
영화 감상	15명
사진 촬영	2명
여행	59명
바둑	28명
독서	89명

(복수 응답)

'하루 30명씩 스스로 목숨 끊는다'

『동아일보』 2004. 9. 23.
차지완 기자

지난해 사망자는
24만 6700명이다.

순위	사인	사망자 수
1위	암	−6만 4000명
2위	뇌혈관 질환	−3만 6000명
3위	심장 질환	−1만 7000명
4위	당뇨병	−1만 2000명
5위	자살	−1만 1000명

자살한 사람 숫자는
외환 위기 때보다
많다고 한다.

경기 침체에 따른 생활고,
사회적 스트레스 증가, 노후 준비가
안 된 상태에서의 실직이 원인이다.

부자가 되기까지 스트레스는 각오해야 하지만, 부자가 되고 난 뒤에는 생활고나 실직에 신경 쓰지 않아도 된다.

자살 요인이 없어지는 것이다.

그래서 부자가 되어야 한다.

43

배우자를 잘 만나는
것도 경쟁력이다

"맞벌이가 아니더라도 돈은 둘이 버는 것이다.
살림 잘하는 여자를 만나는 것은 가장 큰 복이다."

— 이순애(주부) —

부자가 되는 가장
간단한 방법은 상속이다.

하지만 부잣집에서 태어난 사람은
극히 소수다. 이 테두리 안에
들어 있어야 꿈꿀 수 있다.

소득 상위 10%가
전체 종합소득세의
77%를 납부

연간 5억 이상
소득자는 3000명

두 번째는 복권 당첨. 돈벼락을
맞았다는 소문은 무성하지만
이 역시 쉽지 않다.

꿈을 좇아
투자한다.

당첨되면
절반 줄게.
결혼하자.

복권에 30년째
매달리고 있다.

당첨되고
나서 말해.

앞에서 얘기한 바
있지만 상속이나
복권 당첨보다
노력해서 부자가 될
확률이 훨씬 높다.

그 중의 하나가
결혼이다.

결혼?

똑똑한 배우자를
만나는 것!

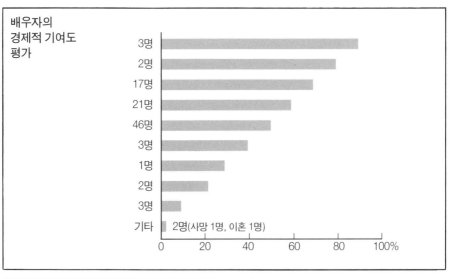

배우자의
경제적 기여도
평가

3명	
2명	
17명	
21명	
46명	
3명	
1명	
2명	
3명	
기타	2명(사망 1명, 이혼 1명)

0   20   40   60   80   100%

배우자의 경제적 기여도를
70%라고 인정한 정 씨.

아내가 없었다면
이만큼 사는 것은
상상할 수 없었을
것입니다.

은행원 출신인 정 씨는 아내를
은행에서 만났다.

같은 부서에서 티격태격하다 정이 들어
결혼했다.

결론이 안 나니까
결혼해서 결론을
내리자!

좋아요!

결혼하자 마자
신용카드를 뺏겼다.

악!
내 카드!

싹둑

싹둑

결혼 전에는 잘
쏘더니 요즘 왜 그래?

계속되는 궁핍에
견딜 수가 없었다.

...

...

집들이 때 이야기다.

요즘 집들이
안 하는 사람이
어디 있어?

꼭 해야 돼요?

알았어요.
모시고 와요.

푸지임하게
준비해 놓으세요.
열 분 오실 겁니다.

그동안
쪽팔렸던 걸 오늘
만회하는 거야.

♪

그러나

으악!

손님 불러놓고
이게 뭐냐!

나를 망신
시키겠다는 거지!

입을 꾹 다물고 있던
아내가 손님들이 돌아간
다음에 입을 열었다.

당신이 은행원 생활
앞으로 몇 년 할 수
있을 것 같아요?

당신 수입은 얼마 안 되는데
쓸 것 다 쓰면 아이들
어떻게 키우고 우리 노후
준비는 어떻게 해요?

그 후로 정 씨의 생활이 바뀌었다.
차비와 소액의 비상금만 가지고 다닌다.

만 원 더
가져 가요.

됐어!

끼니는 구내식당에서
해결한다.

회식자리는 돈 낼 사람이
확실한 자리, 다음에
내가 사지 않아도 괜찮은
자리만 참석한다.

저 빈대 또 왔다.

그렇게 절약해서
집을 샀고, 지금은 작은 빌딩 세 채를 가지고 있다.

처음 집 장만하는 것이 힘들었지만
어느 정도 재산이 쌓이자
그 다음부터는 재산이
쑥쑥 불어나더라고요.

담보로 대출을 얻어 다른 부동산을
구입하고 그 부동산을 담보로 대출해서
또 다른 부동산을 사는 식으로 운영했다.
물론 갚을 수 있는 범위 내에서….

월급 400만 원을 한 푼도 안 쓰고
1년 모으면 4천800만 원.
10년 모으면 4억 8000만 원이다.

생활비 쓰고 남는 돈을 모으면
3분의 1 이하로 줄어든다.

그 돈으로
집 장만하고
빌딩을
샀다는
계산은
맞지
않는다.

정 씨 부인은 아껴서
마련한 종자돈을 잘
굴렸을 것이다.

대부분의 가정은
남편이 월급 타오면
아내가 맡아서
살림을 한다.

헌데 금융권에
종사하는
샐러리맨의 경우
스스로 돈을
관리하는
사람이
많다.

돈은 내가
아내보다 더
잘 아니까.

그런 가정일수록 의외로 부자가 되는 경우는 드물다.

대부분 주식 투자에 손을 대서 손해 보는 일이 많다.

35년 전쯤, 오래된 얘기지만 어느 선배는 약사랑 결혼하겠다는 결심을 했다.

매일 청파동의 S여대 앞에 출근해서 드디어 약학대 출신의 여학생이랑 연애하고 결혼에 골인했다.

부인은 개업했고, 안정된 수입을 얻어서 기반을 잡는 데 큰 공헌을 했다.

부잣집 출신 배우자를 만나는 것도
한 방법이지만 쉽지 않다.

부자들 역시 조건을
따지기 때문이다.

관상을 따져서 배우자를 고르면
유익할 수 있다.

인간은
생김새에 따라
부티가 나고
빈티가 난다.

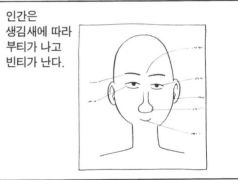

남자가 빈상일지라도
배우자가 부티가 나면
많이 커버된다.

이제부터
관상을 본다.
몸매, 학벌은
안 따진다.

어렵던 집안이 며느리를 잘 봄으로써 달라진 경우가 많다.

아이고, 우리 복덩이, 네가 들어오고 난 뒤에 우리 집 형편이 폈다.

설사 형편이 달라지지 않았더라도 이렇게 말해 주면 분위기만이라도 부자가 되어 있을 것이다.

궁기가 꽉 찬 이 얼굴에 어떻게 돈이 붙지?

뒤를 보면 부티나는 배우자가 있다.

100명의 부자가 한결같이 말한다.

아이들의 배우자는 비슷한 수준의 집안 출신을 택하겠습니다.

이쪽이 넉넉하니까 배우자는 건강하고 똑똑하기만 하면 되지 않습니까?

환경이 비슷해야 잘살 수 있어요.

성실! 인내! 안전!

성실! 인내! 안전!

상대 집안도 넉넉해야 같이 유학을 보내더라도 유학 비용을 분담할 수 있다는 계산도 한다.

결혼은 쌍방간의 출자이므로 기울지 않게 분담하는 것이 좋잖아요?

부자들은 자녀들 유학을 보낼 때 혼자 보내는 것보다 결혼시켜서 보내고 싶어한다.

69번 화장실 폼.

학벌 좋고, 건강하고, 잘생기고, 가정환경 좋고, 유학도 가야 하고, 비용도 분담해야 하는 배우자 자격에 여러분은 낄 수 있는가?

완료!

부자사전   327

그렇게 입맛에 딱 맞는 배우자를
고른다고 행복이 보장되고
부자로서의 일생을 살 수 있을까?

부자들을
만나보면
대개 비슷한
사람끼리
결혼해서
서로
의지하고
북돋아주면서
부자의 길을
걷는다.

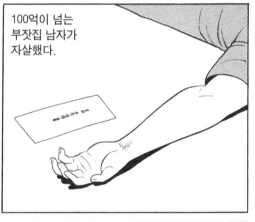

100억이 넘는
부잣집 남자가
자살했다.

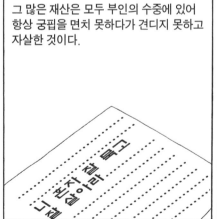

그 많은 재산은 모두 부인의 수중에 있어
항상 궁핍을 면치 못하다가 견디지 못하고
자살한 것이다.

이것은 부자의 길이 아니라
패망의 길로 간 것이다.
부자의 길은 부부가 손잡고 가는
화합의 길이어야 한다.

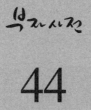

부자사전

44

자녀는 반드시
샐러리맨을 거치게 한다

"자식을 망치기 가장 쉬운 방법은
자식이 원하는 모든 것을 갖도록 해주는 것이다."

— 서양 속담 —

자식을 망치기 쉬운 방법은 자식이 원하는
모든 것을 갖도록 해주는 것이다.

서양 속담이다.

자식들을
고생시키고 싶은
부모는 없을
것이다.

그러나 자식을 품안에 넣고 감싸 키우는
부자는 바보다.

어릴 때부터 자식 교육을 제대로 시키지 않으면
아무리 많은 재산을 줘도 지켜내질 못한다.

자식들은 항상 부모의 재산을 탐낸다.

공무원이었던 남편이 죽고 난 뒤 연금으로 근근이 살아가는 어머니가 살고 있는 아파트를 욕심내는 자식도 있다.

이것 팔아서 통닭집 안 내주면 애 아빠랑 안 살 거예요!

엄마, 나 좀 살려줘.

갚을 능력이 없는 사위가 장인 집에 와서 손을 벌린다.

아파트 담보로 5000만 원만 융통해 주시면….

앙앙.

딸랑 아파트 한 채뿐인 나한테….

내 건데 씨이~

하물며 부모가 부자인
데야 오죽할까.

옛날에 비해 요즘은
뻔뻔한 자식들이 너무 많다.

내가 왜?

초등학교, 중학교, 고등학교, 대학교 공부
다 시켜줬더니

취직이 되지 않아 대학원에 다닌다.

그래도 취직이 되지
않으니까 유학.

요즘같이 유학파가 많은 때는 유학 갔다
와서도 취직이 쉽지 않다.

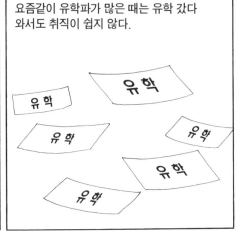

빈둥대다가 나이드니까 장가를 든다.

식구가 계속 늘어난다.

그래도 여전히 부모의 그늘에서
벗어나지 못하는 뻔뻔이들이 많다.

물고기를 주지 말고
물고기 잡는 방법을
가르쳐야 한다는
유태인의 말을 다시
새겨들어야 한다.

교육은
부자 아버지
혼자 시켜서는
안 된다.

내가 그렇게
돈 무서운 줄
알라고 얘기
했는데도….

자식들이 안쓰러워 부자 어머니가 뒤에서 막
퍼줬기 때문에 자식 교육을 망치는 일이 허다하다.

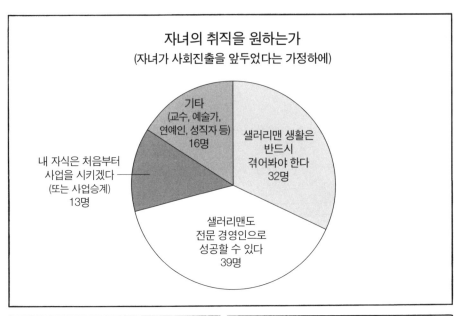

자녀의 취직을 원하는가
(자녀가 사회진출을 앞두었다는 가정하에)

기타
(교수, 예술가,
연예인, 성직자 등)
16명

샐러리맨 생활은
반드시
겪어봐야 한다
32명

내 자식은 처음부터
사업을 시키겠다
(또는 사업승계)
13명

샐러리맨도
전문 경영인으로
성공할 수 있다
39명

빌딩 하나 물려주면
평생 임대료
수입으로 고생
안 하면서
살 수 있을 텐데,
부자 100명 중
71명이 자녀의
취직을 원했다.

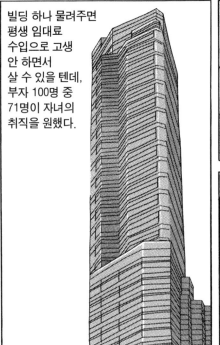

고생을 해봐야
돈이 무엇인지
알게 됩니다.

큰 회사에서
단체생활을 해봐야
개인사업을 해도
성공할 수
있거든요.

회사를 하나 만들어 주면
남의 밥 안 먹고 고생 안 하는데
왜 취직을 시키죠?

샐러리맨도
전문 경영인으로 성공해서
연봉을 수천만 원씩
받는 경우가 많잖아요.

남의 회사에서
산전수전 겪고 단단해진
다음에 내 회사로
불러와서 후계자를
시킬 겁니다.

젊은 놈이 부모 재산
물려받아서 빈둥거리면
그 인생이 뭐가 됩니까.

또래 친구들도
인정해 주지
않더라고요.

같이 골프를 치거나 여행을
해보면 알 수 있다.

대기업 출신들은
상하 구별이 뚜렷하고
매너가 좋다.

상대의 골프공이
안 보이는 곳에 떨어지면
같이 찾으러 다닌다.

여기
있어요!

호텔에서도 룸서비스가 있지만
방 정리를 어느 정도
할 줄 안다.

항상 로비에 먼저 나와서
윗사람들을 거든다.

이런
것들이 평생
살아가는 데
초석이 되는
것이다.

결혼 안 했으면
내 딸을 주고 싶은
놈이야.

재산을 물려줘도 지킬 수 있을 때 물려줘야 합니다.

어떻게 번 돈인데, 자식이 펑펑 써대면 죽어서도 눈 감지 못할 겁니다.

필자는 아이들에게 물려주고 싶은 재산이 있다.

성 실

재물처럼 눈에 보이는 것은 아니지만 아이들이 평생 지니고 살아야 할 귀중한 선물로 남았으면 **좋겠다**.

보리

석균

부자사전

45

돈 쓰는
습관은 유전된다

"가난도 상속된다."

— 이계열(입시학원 운영) —

대기업 차장 류 씨.
100명의 부자 중
가장 젊은 36세.

지금 재산은 살고
있는 아파트 외에
20억 원 정도다.

초급 부자라고 얘기할 수 있는데
향후 더 큰 부자가 될 수 있는
자질이 엿보인다.

저는
빈대였습니다.

부모님은
수백억대
부자이십니다.

그런 부모
집에서 10년이나
눈칫밥 먹고
살았어요.

그럼
부모에게서
재산을 상속
받았군요.

무슨 말씀!
난 '자수성가형'
입니다!

물려받은 것은 35평 아파트 한 채였어요.

이 정도만 해도 남들보다 100m 이상 앞서가는 셈이다.

류 씨는 부모가 사준 아파트에 입주하지 않고 전세를 놓았다.

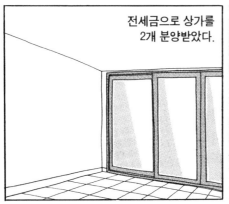

전세금으로 상가를 2개 분양받았다.

잔금이 모자라 부모에게 손을 벌렸으나 거절당했다.

니꺼거 내꺼냐?

부모님이 지독한 줄은 알았지만 잔금 몇 푼 때문에 고생하는 자식에게까지 그러실 줄 몰랐어요.

류 씨 어머니는 쓰레기 봉투값 아낀다고 남의 동네에다 쓰레기를 갖다버릴 정도였고 아버지는 식당에 갈 때마다 이쑤시개와 냅킨을 한 주머니씩 들고 나올 정도다.

또 싹쓸이.

이쑤시개

결국 신용대출로
잔금을 완납했다.

두고 보자!
씨이~

그러다 2001년 수도권 도시에 완성된
대형 의류 쇼핑센터가 분양·미달된 것을
모든 재산을 털어 싼 값에 인수했다.

서울 동대문에 대형 의류센터가
즐비한데 변두리서 되겠냐는
우려가 많았지만 결과는
성공해서 8개월 만에
투자 원금의 2, 3배에
달하는 이익을 남겼다.

부자층

류 씨는 어렸을 때부터 부모가 원망스러웠다.
호주머니는 항상 비어 있었다.

교통비.

걸어다녀!

철이 들면서 부모의 생활방식을
이해하게 되자 존경하는
마음까지 들었다.

결혼하고도
계속 얹혀 살 수
있었던 것은
류 씨의 아내
때문이었다.

대부분
시부모에게서
멀리 달아날
생각을 하는데
류 씨 아내는
달랐다.

생활비도 안 들고
직장 다니기 편하고
아이가 생기면
아이도 봐주실 텐데
왜 이사를 가요?

부모님의 친구 딸인 아내도
짠돌이 부모에게서 철저히
교육받은 터였다.

생활비를
덜어내지 않는
맞벌이 부부의
수입은
고스란히
저축되었다.

류 씨는 부모가 살고 있는 아파트 단지에 같이 살면서
부모의 도움을 지속적으로 받고 있다.

자식과 손자를
곁에 두고 사는
것만으로도 행복을
느끼신답니다.

앞의 경우와는 반대인 경우를 보자.

강씨 →

강 씨는 유복하게 자랐다. 부모 역시 선대로부터 상당한 땅을 물려받아서 어려움을 모르고 컸다.

강 씨 아버지의 수입도 만만치 않아 가족 모두 원하는 대로 돈을 쓰고 살았다.

그러나 금고는 '마르지 않는 샘'이 아니다.

어느 날 대지 150평이 넘던 궁궐 같은 집에서 50평대 아파트로 이사했다.

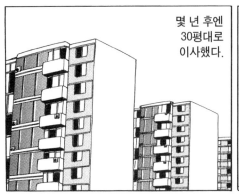

몇 년 후엔
30평대로
이사했다.

강 씨의
여동생이
결혼할 때는
그나마도
팔고 전세로
이사했다.

막내 여동생을 결혼시킬 때는
급기야 전세마저 빼내 다가구 주택의
반지하방으로 거처를 옮겼다.
하지만 강 씨 부모의 생활은
여전하다.

가끔씩 파출부를 불러
일을 시키고 100만 원이
넘는 강아지를 키우며
애완견 전용 미용실을
이용한다.

좋던 시절에 아끼지 않고 쓰기만 한 결과다.

부모님의 생활비를 형제들이 나눠서 마련하는데 부모님이 원망스러워 죽겠어요.

아직도 자기 분수를 모르시잖아요.

강 씨는 넉넉한 편이 아니다.

그런데도 할부로 중형차를 사고, 동남아 여행을 하고, 아내와 아이를 묶어서 외국유학 보낼 계획을 하고 있다.

절약하지 않는 부모를 원망하면서도 본인이 아끼지 않는 것에는 둔감하다.

부자사전 345

부모의 전세금으로 유학을 다녀온 아이들이
그것을 고마워할지는 두고 볼 일이다.

돈 쓰는 습관은
부모에게서 물려받는다.
그래서 자수성가한
부모일수록 아이들에게도
엄격하다.

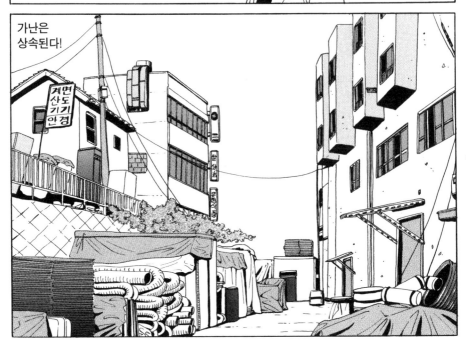

가난은
상속된다!

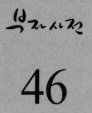

46

부부간에 말이 잘 통해야
돈이 모인다

"돈 걱정에서 벗어나 본 적이 거의 없는 것 같다.
그럴 때마다 아내와 상의를 했다.
그러면 최소한 걱정이라도 덜 수 있었다."

— 이일환(부동산 임대업) —

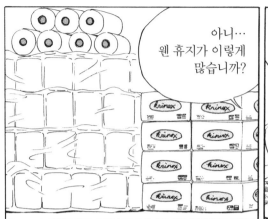

아니…
웬 휴지가 이렇게
많습니까?

휴지에 한이
맺혀서 그래요.

호호호.

몇 년 전까지도
돈을 아끼느라 휴지를
사용하지 않았어요.

화장실 사용 때 아이들에게만
휴지를 주고 부부는 신문지나
매일 뜯어내는 종이 달력을
사용했다는 것이다.

그것이 한이 되어 지금도
휴지를 세일하는 곳이 있으면
달려가서 사옵니다.

휴지를 아껴서 부자가 되겠는가?
그런 절약정신이 살림살이 전반에 묻어
있기 때문에 돈을 모을 수 있었다.

한 칸으로
모든 걸
해결하니까.

뚝

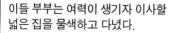

이들 부부는 여력이 생기자 이사할 넓은 집을 물색하고 다녔다.

넓은 대지에 멋들어진 집. 한눈에 쏙 들어오는 곳을 남편 혼자 계약했다.

뒤늦게 쫓아온 아내는 남편과 다른 계산을 했다.

집은 좋지만 아직 우리가 살 집은 아닌 것 같아요. 밑에 상가라도 들어서 월세라도 나오는 곳을 택해야지, 이 집은 골목 안이라서 다시 지을 수도 없고 세금도 많이 나오니까 다른 곳을 알아봅시다.

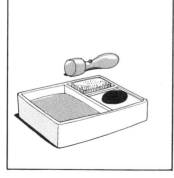

아내의 말에 고집을 꺾고 해약했다.

부부는 땅을 산 뒤 일부 대출을 받아 업무용 빌딩을 올렸다.

빌딩 바로 앞에 전철역이 생기면서 임대료 수입이 치솟았고, 이를 기반으로 더욱 부를 쌓을 수 있었다.

부자가 되려면 부부간에 말이 잘 통해야 한다.

한쪽은 100원을 아끼는데 한쪽은 1000원을 써버리면 부자가 될 수 없다.

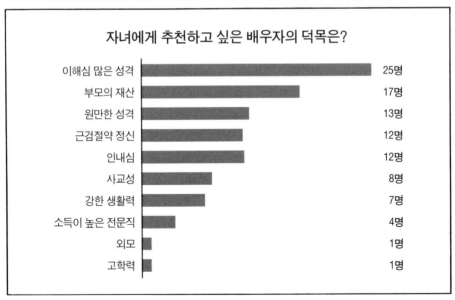

자녀에게 추천하고 싶은 배우자의 덕목은?

이해심 많은 성격	25명
부모의 재산	17명
원만한 성격	13명
근검절약 정신	12명
인내심	12명
사교성	8명
강한 생활력	7명
소득이 높은 전문직	4명
외모	1명
고학력	1명

'가계 경제 시스템'을
제대로 운영하려면
'대화'를 많이 해야
한다.

분란이 끊이지 않는
가정은 대화가 없다.

평소 대화가 없기 때문에 어쩌다 한마디 하는
말투는 앞뒤 자르고 본론만 말하기 때문에
상대에게 상처를 주기 쉽다.

대화를 나누기 위해서는
상대방에 대한 이해와 자신의
인내가 필요하다.

부자로 가는 길은 부부 화합의 길이기도 하다.

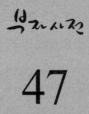

47

미래의 위험까지
대비한다

"쪼들려 살면서 행복하다고 말할 수 있을까?
아이들에게 궁핍함을 물려주면서
행복은 마음에 있다고 주장한들 소용이 있을까?"

— 정창무(호텔업) —

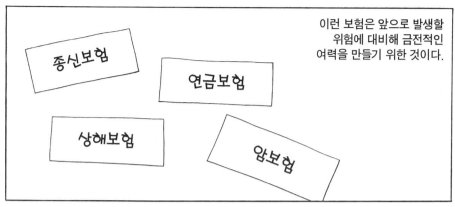

이런 보험은 앞으로 발생할 위험에 대비해 금전적인 여력을 만들기 위한 것이다.

종신보험

연금보험

상해보험

암보험

그런데 돈이 많은 부자들도 보험에 가입한다.

민 씨

내가 잘못될 경우 남은 가족들의 부담을 줄이기 위해서는 보험이 최고입니다.

무슨 부담요?

내가 죽으면 가족들이 재산을 물려받을 것이고 상속세를 내야잖아요.

안부자들은 이런 걱정 하지 않아도 된다.

상속세에는 누진율이 붙는다.

1억 이하 – 10%
10억 이하 – 30%
30억 이상 – 50%

얼마 전
젊은 경영자가
선친에게서
물려받은
회사를 80억에
매각했다.

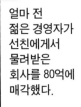

상속세가 무려 70억이나 나오는
바람에 부친이 남긴 회사 중 하나를
판 것이다.

상속세는 재산이 없는 사람에게는
신경 쓸 일이 아니지만 부자들에게는
가장 무서운 세금이다.

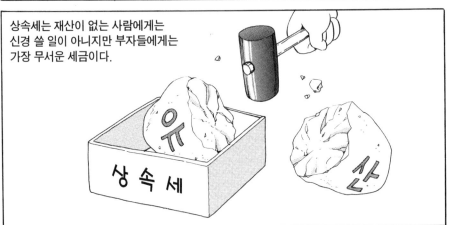

그래서 부자들은 매달 많은 돈을
종신보험료로 내고 있다.

내가 죽으면
상속세를 내고도
남는 돈으로
생활할 수 있게 따로
남겨 놓아야 한다.

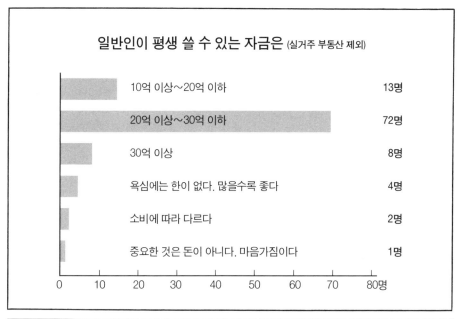

일반인이 평생 쓸 수 있는 자금은 (실거주 부동산 제외)	
10억 이상~20억 이하	13명
20억 이상~30억 이하	72명
30억 이상	8명
욕심에는 한이 없다. 많을수록 좋다	4명
소비에 따라 다르다	2명
중요한 것은 돈이 아니다. 마음가짐이다	1명

부자들의 상당수는 과거에 어려움을 겪어 봤던 사람들이다.

그래서 항상 조심한다. 사업을 하면서 부침을 겪어 봤던 부자는 더더욱 그렇다.

1.5cm

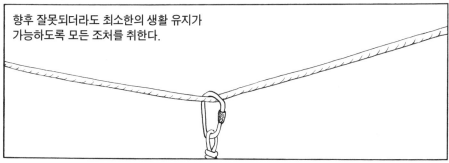

향후 잘못되더라도 최소한의 생활 유지가 가능하도록 모든 조처를 취한다.

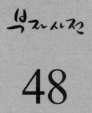

48

돈이 전부라고
가르치지 않는다

"돈이 전부라고 가르치지 않는다.
아이들이 가난의 위험에 스스로 대처하도록 훈련시킨다."

— 맹형주(부동산업) —

부자가 되기 위한
목적은 똑같다.

가족을 위해서!

가족 때문이
아니라면
무엇 때문에
돈을 모았겠어요?

가족의 행복이
목적이었고,
그 목적이 있었기에
참고 견딜 수
있었어요.

화목한 가정은 부자가 되는 과정의
어려움을 잘 참고 견뎌준다.

화목하지 않은 가정은 밑 뚫린 배다.
튼튼한 배가 멀리 안전하게 갈 수 있다.

부자들은 자신의 출신이 낮을수록
'자식들은 예의 바르고 품위 있게 키워야 한다'
는 생각이다.

아이들이 어렸을 때는 돈을 모으느라 아이들 가정교육을 등한시하다가
부자가 된 뒤에 가정교육을 제대로 하고 싶어한다.

그러나 밑이 부실한 탑을 위쪽만 제대로
만들어 준다고 근사한 탑이 될 수는 없다.

부자든 안부자든 간에 가정교육이
좋지 않은 아이들은 금세 표가 난다.

말투에서

엄마가 그때
쌩폼나게 살아야
한다고 쪼았잖아.

신발 벗는 것에서

어른을 만날 때

안녕하세요.

문 닫는 것에서

식탁에서 금방 들통이 나고 만다.

돈으로 겉은 위장할 수 있어도 근본적인 것까지 바꾸기는 쉽지 않다.

이 아파트 단지가 마음에 들지 않아서 이사해야겠어요.

이곳은 누구나 최고라고 생각하는데요?

우리 아파트랑 붙어 있는 서민 아파트 보지 못했어요?

그것 때문에 우리 아파트 값도 안 올라가고 아이들 교육에도 좋지 않아요.

아… 아이들 교육과 무슨 상관이죠?

친구를 사귀어도 수준이 비슷해야 나중에 힘이 되잖아요.

실제로 이런 이기심 때문에 임대주택 건설을 반대하는 곳도 있다.

이런 식의 가정교육이 과연 자식들에게 예의와 품위를 줄 수 있을까?

360

서울 시민의 80%가
중산층이라고 말한다.

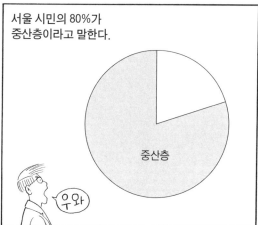

중산층

우와

그 중 중상위층이라고
말하는 사람이 6.4%,
이 중에서 재산이 3억 넘는
사람은 절반도 되지 않았다.

뭐…
계산이 잘못된
것 아닌가?

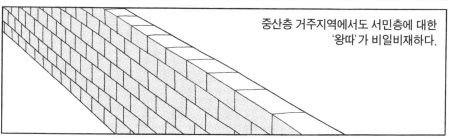

중산층 거주지역에서도 서민층에 대한
'왕따'가 비일비재하다.

초등학생 해외연수 바람이 불자 방학이
끝나면 따로따로 노는 현상도 보인다.

해외연수파

해외비연수파

돈이 없는 것은 죄가 아니다.
관용이 부족한 사회에 살고 있는 현대인들은
한번쯤 깊이 생각해야 할 문제다.

49

행복한 부자가 되라

"재산을 얻어도 가정을 잃는다면 무슨 소용이 있을까."

— 한영수(공구 도매업) —

안부자는 부자를 보고 이렇게 말한다.

저 집이야 무슨 걱정이 있겠어?

자식을 잃은 여인이 산속에 있는 절을 찾아가서 스님에게 물었다.

가슴에 남아 있는 상처를 어떻게 하면 없앨 수 있을까요?

저 아랫마을에 가서 걱정 없는 집의 겨자씨를 얻으면 상처가 나을 것이다.

여인은 곧바로 마을로 내려가 집집마다 찾아다녔다.

그러나 여인은 풀이 죽어 다시 절로 돌아왔다.

겨자씨는 구했느냐?

구하지 못했습니다. 걱정 없는 집이 없었어요.

그것 봐라. 집집마다 작으나 크나 걱정거리는 모두 있는 것이다. 너의 상처도 네가 생각하기엔 커 보이지만 남이 보기엔 자신이 갖고 있는 상처보다 작아 보이느니라.

세상 모든 일은 마음먹기에 달렸어.

돈이 많은 것은 행복의 필요조건이지 100% 충분조건은 아니다.

맹 씨는 아들 문제로
골치를 썩고 있다.

맹 씨 아들은 대학을
졸업하고 직장을 몇 번
다녔지만 두 달을 넘긴
적이 없다.

10시인데
회사 안 가?

안 가요.

결혼하면
정신 차리겠지.

장가를 보냈더니 툭하면 며느리를 때리는 바람에
온 가족이 살얼음판 위에 있는 기분이다.

며느리에게 생활비를 보태라고 가게를
내줬더니 아들이 가게 수입을 가로채서
곧바로 정리를 해버렸다.

신용카드로 술값을 그어 1000만 원이
넘는 고지서가 심심찮게 날아온다.

누가
우리 집 걱정
없다고 했어!

부자들 가운데
'돈 걱정이 없어서 행복하다'고
응답한 사람은 없었다.

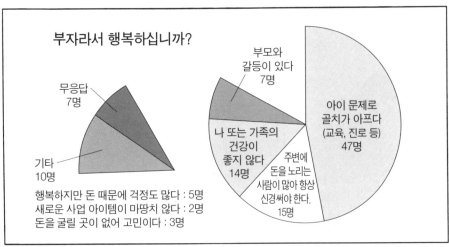

부자라서 행복하십니까?

무응답
7명

기타
10명

부모와
갈등이 있다
7명

아이 문제로
골치가 아프다
(교육, 진로 등)
47명

나 또는 가족의
건강이
좋지 않다
14명

주변에
돈을 노리는
사람이 많아 항상
신경써야 한다.
15명

행복하지만 돈 때문에 걱정도 많다 : 5명
새로운 사업 아이템이 마땅치 않다 : 2명
돈을 굴릴 곳이 없어 고민이다 : 3명

부자가
되는 것보다
자식 농사가
더 어렵다.

그건 다 갖고
있는 문제야.

안부자

상당수의 부자들이
자녀 문제로 시름에
잠겨 있다.

한 부자는 병들어 죽으면서
이렇게 말한다.

자식 농사만 마음대로
안 되는 줄 알았더니…
건강도 마찬가지야.

부자가 안부자들과 비교해서
나은 것은 돈 문제뿐이다.

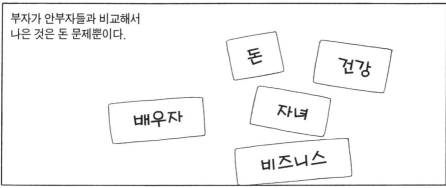

돈

건강

배우자

자녀

비즈니스

그러나 부자들도
돈 걱정을
많이 한다.

안부자들의 돈 걱정 단위는 몇백만 원이고,
부자의 돈 걱정 단위는 몇천만, 몇억이다.
그러나 걱정의 무게는 똑같다.

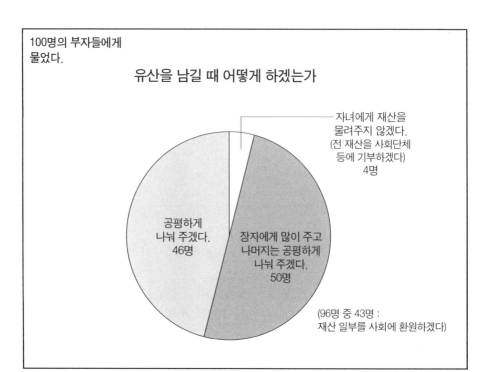

100명의 부자들에게
물었다.

유산을 남길 때 어떻게 하겠는가

자녀에게 재산을
물려주지 않겠다.
(전 재산을 사회단체
등에 기부하겠다)
4명

공평하게
나눠 주겠다.
46명

장자에게 많이 주고
나머지는 공평하게
나눠 주겠다.
50명

(96명 중 43명 :
재산 일부를 사회에 환원하겠다)

행복은 돈으로
살 수 없다.

스님을 찾아간 여인처럼
자신의 고민이 남의
고민보다 커 보인다.

사랑하는 사람과
헤어져 봤어?

대학
떨어져 봤어?

계 깨져 봤어?

대머리
돼 봤어?

그 고민에 가려
나머지 행복은
느끼지 못한다.

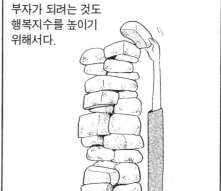

부자가 되려는 것도
행복지수를 높이기
위해서다.

걱정을 작게 만들고
행복을 크게 느끼면
완성에 가까운 인생이다.

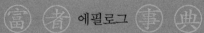

자수성가한 100명의 부자들에 대해 얘기해 왔으나
그 100명이 한국의 부자들을 대표한다고는 볼 수 없다.

그들은 자수성가했기 때문에
대부분 아껴야 한다고
말했다.

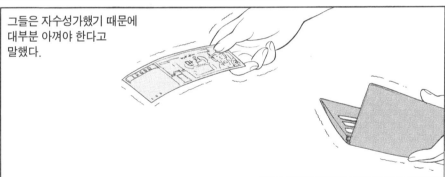

부자의 기준을 현재 살고 있는 집 말고
10억 이상의 자산가로 한정시켰다.
그러나 진짜 부자들이 볼 때 이 정도는
'그냥 여유 있는 정도'라고 말할 것이다.

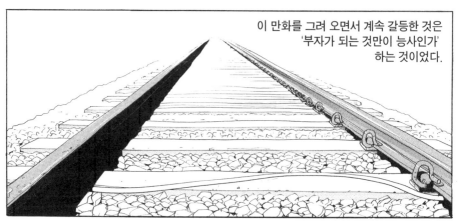

이 만화를 그려 오면서 계속 갈등한 것은
'부자가 되는 것만이 능사인가'
하는 것이었다.

부자가 되기 위해서는 피도 눈물도 없이
살아야 한다고 여러 번 얘기했다.

필자의 큰놈이
한마디 한 적이
있다.

아버지,
이제 베풀고
사는 좋은 부자
얘기도 쓰세요.

으ㄹㄹ

사실 개인이 목표한 일정 수준의
부자가 되기 전에는 베풀 수 있는
정신적 여유가 생기지 않는다.

부자가 되는 것도 좋지만
부자가 되기 위해 죄를 짓는다면
부자 되기를 포기하겠다는
부자도 있었다.

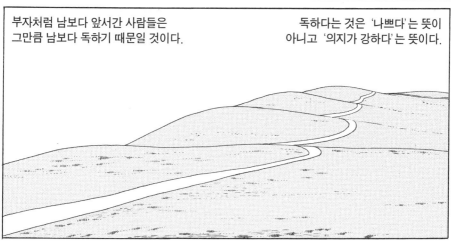

부자처럼 남보다 앞서간 사람들은
그만큼 남보다 독하기 때문일 것이다.

독하다는 것은 '나쁘다'는 뜻이
아니고 '의지가 강하다'는 뜻이다.

이 만화는 한상복 씨의
원작에다 필자의 경험을
보탰다.

부자가 되는
방법의 결론은
이렇다.

확고한 목표를 갖고 굳은 의지로 추진하라

앞서 말한
'누구나 부자가 될 수
있다. 그러나 누구나
부자가 되지는 않는다',

이 차이는
의지의 차이다.

부자가 되기 위해 애쓰는 동안
갖춰야 할 제일 큰 재산이 또 있다.

그것은 돈이 아니다.

따뜻한
마음이다.

비로소 부자들에게
'인간의 얼굴'을 그려주다

어린시절에 「똘이장군」이라는 만화영화를 본 적이 있다. 우리의 영웅 똘이장군이 공산주의자인 악당들을 물리치고 평화를 지킨다는 내용이었다. 물론 악당들은 흉측했고, 붉은 늑대의 형상을 하고 있었다. 어린 나는 영화를 보고 '북한 사람들은 다들 저렇게 무섭게 생겼구나' 하고 생각했다.

당시에 읽었던 동화 속에는 많은 부자들이 등장했는데, 그들 또한 한결같이 악역이었고 탐욕스러운 돼지로 묘사되곤 했다. TV 드라마에서도 마찬가지였다. '부자들은 왜 저렇게 모질고 남을 괴롭히기만 하는 걸까?' 오랫동안 부자들은 경멸의 대상이었다.

10여 년간 경제신문에서 기자생활을 하면서 이런 의문이 생겼다. '부자들은 과연 온 세상 욕을 다 먹을 만한 사람들일까? 정말로 돼지들일까?' 하지만 부자들을 만나 취재한 결과는 통념과 달랐다. 부자들 역시 우리와 크게 다를 바 없는 삶을 살고 있었다. 아침에는 된장국을 먹고, 성적이 부진한 아이 때문에 걱정하고, 고부갈등으로 마음고생을 하고 있었다. 부자는 평범한 사람보다 경제적으로 풍요로운 이웃일 뿐이었다. 처음 그들을 접하면서 '부자가 되는 뾰족한 방법을 전수받겠다' 는 욕심을 낸 것은 사실이지만, 이제 그런 것은 이 세상에 존재하지 않는다는 것을 확인하게 되었다.

100명이 넘는 부자들을 만나면서 두 가지 인생 교훈을 얻었다. 하나는 '완벽한 인생이란 없다' 는 것이다. 돈이 많다고 해서 행복한 것은 아니었다. 또 다른 교훈은 '무언가를 얻기 위해서는 그만한 대가를 치러야 한다' 는 것이다. 부자들은 부를 얻기 위해 그만한 희생을 치른 사람들이었다. 이 두 번째 교훈은 평생 소중하게 간직하려 한다.

2003년, 필자는 『한국의 부자들』을 통해 부자들의 단면을 소개했다. 하지만 부자들을 생생하게 있는 그대로 보여주겠다는 의도는 그리 성공적이지 못했던 것 같다. 많은 아쉬움 섞인 주문과 질책을 들어야 했다.

그런데 이제 허영만 선생님께서 비로소 부자들에게 '인간의 얼굴' 을 그려주셨다. 이 책에 등장하는 부자들에게서는 인간의 냄새가 난다. 등장인물 각각의 땀과 눈물에 허 선생님 특유의 유머까지 버무려져 마치 그들을 직접 만나는 듯한 느낌이 든다. 허 선생님이 아니면 어느 누가 이토록 깊은 깨달음을 머금은 '통찰의 작품' 을 내놓을 수 있겠는가! 어릴 적부터 존경해온 허 선생님의 작품에 조금이나마 참여하게 된 것을 영광으로 생각한다.

허 선생님 덕분에 부자들에게 얼굴이 생겼다. 자수성가한 부자들은 더 이상 돼지가 아니다. 그들은 '자기 관리와 통제의 명수들' 이다. 그래서 이 책을 적어도 두 번 이상은 '온 신경을 모아' 탐독하길 바란다. 곳곳에 숨어 있는 진리를 만나게 될 것이다.

나는 '작은 깨달음이 모여 우리의 인생을 바꾼다' 는 말을 100퍼센트 신뢰한다.

이 책에서 낱알처럼 흩어져 있는 깨달음들을 찾았으면 좋겠다. 자, 처음으로 돌아가서 꼼꼼하게 다시 읽어보자.

한상복
(『한국의 부자들』의 저자)

허영만 부자사전 2

초판 1쇄 발행 2005년 4월 25일 | 초판 35쇄 발행 2008년 9월 19일

지은이 허영만 **펴낸이** 김태영

비즈니스 1파트장 신민식
기획편집 2분사_편집장 고정란
1팀 최유연 최소진   **2팀** 강정애 이수희   **3팀** 김세원 경정은   **디자인팀** 김미영 이성희
마케팅분사_ 곽철식 이귀애   **제작팀_** 이재승 송현주

펴낸곳 (주)위즈덤하우스   **출판등록** 2000년 5월 23일 제13-1071호
주소 서울시 마포구 도화1동 22번지 창강빌딩 15층   **전화** 704-3861   **팩스** 704-3891
홈페이지 www.wisdomhouse.co.kr
출력 엔터 | **종이** 화인페이퍼 | **인쇄·제본** 상지사

ⓒ 허영만 · 한상복, 2005
ISBN 89-89313-54-6 04320
      89-89313-55-4 (세트)